GUSTAV HARDER/WERNER MÜLLER-ESTERL

Annapurna I

Der vergessene Achttausender

ABENTEUER-REPORT

Inhalt

Eine Idee wird geboren   7

Unsere Mannschaft   14

Vor den Erfolg haben die Götter
den Schweiß gesetzt   19

Unsere Sherpa-Mannschaft   25

Endlose Tage bis zum Aufbruch   32

Aufbruch zur Annapurna   41

Durch die Täler des Himalaya   49

Thulo-Bugin und Miristi-Khola   61

Am Berg   73

Mount Avalanche   90

Über den Sporn hinaus   113

Ang Dorje – unser stärkster Freund   125

Der Gipfel   131

Wieder im Basislager   147

Durch das unbekannte Tal des Miristi-Khola   160

Heimwärts   182

Annapurna I – Chronologie 1950–1980   187

    Vor 30 Jahren   189

    Französische Himalaya-Expedition 1950   198

    Deutsche Himalaya-Expedition 1965   201

    Deutsche Himalaya-Expedition 1969   205

    Britisch-nepalesische
    Armee-Annapurna-Expedition 1970   207

    Annapurna-Südwand-Expedition 1970   211

Japanische Annapurna I-Expedition 1973	215
Italienische Annapurna-Expedition 1973	216
Spanische Annapurna-Expedition 1975	219
Österreichische Annapurna-Expedition 1975	222
Niederländische Annapurna-Expedition 1977	223
Kärntner Naturfreunde-Expedition zur Annapurna I 1978	226
Amerikanische Frauen-Himalaya-Expedition zur Annapurna I 1978	230
Französische Annapurna I-Ski-Expedition 1979	235
Shizuoka-Himalaya-Expedition 1979	239
Amerikanische Annapurna I-Expedition 1979	241
Deutsche Ski-Expedition zur Annapurna I 1980	244
Hauser Excursionen – Annapurna-Expedition 1980	247

© 1981 Nymphenburger Verlagshandlung GmbH, München
Fotos: Deutsche Annapurna-Ski-Expedition 1980
Karten: Hansherbert Buschhüter
Umschlaggestaltung: Ebba Feistkorn
Bestellnummer: 7344
Lizenzausgabe für das Taschenbuch: © 1982
Franz Schneider Verlag GmbH & Co. KG
München – Wien – Hollywood/Florida USA
ISBN 3 505 07344 X

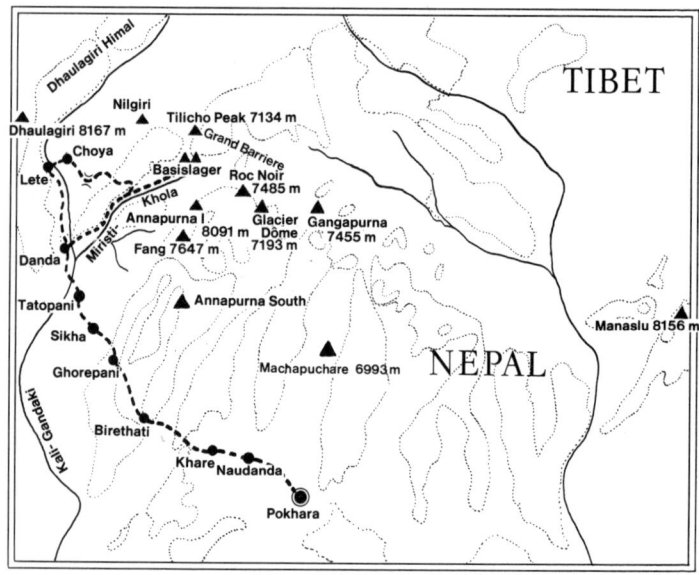

Eine Idee wird geboren

September 1975. Trekkertreffen der Berg- und Skischule des Deutschen Alpenvereins im oberbayerischen Bad Kohlgrub. Alljährlich kommen hier Hunderte von Trekkern aus allen Teilen des Landes zusammen, um Erfahrungen auszutauschen, Photoalben aufzuschlagen, Erinnerungen aufzuwärmen, neue Ziele anzuvisieren: Eine Schmiede für große Reisepläne, Bergtouren, Trekkings.

Am Abend sitzen Ekkert Gundelach und ich bei einem Weißbier beisammen. Ekkert stammt ebenso wie ich aus Lindau, er arbeitet nebenberuflich als Bergführer und leitet seit Jahren Trekkingtouren in die entlegenen Winkel der großen Gebirge dieser Welt. Ekkert hat etwas auf dem Herzen und kommt auch sofort zur Sache. Ohne Umschweife fragt er mich, was ich von einer Expedition zu einem Achttausender halte, und zwar zu einem Achttausender, von dem man mit Skiern abfahren kann. Seit ihm zusammen mit Günter Sturm und Erich Reismüller die Skiüberschreitung des Mt. McKinley in Alaska gelungen ist, läßt ihn diese Idee nicht mehr los, gärt in ihm und drängt zur Umsetzung in die Tat.

Es bedarf keiner großen Überredungskünste: Das Feuer seiner zündenden Idee springt schnell auf mich über, auf so eine Sache habe ich schon lange gewartet.

Wir betrachten jeden der vierzehn Bergriesen dieser Welt unter dem Aspekt einer Skiabfahrt, diskutieren die Möglichkeiten der Finanzierung und stellen eine Mannschaft zusammen, ohne je mit den potentiellen Teilnehmern gesprochen zu haben. Schnell kristallisiert sich heraus, daß wir nur mit einer relativ kleinen Mannschaft fahren wollen. Freunde müssen es sein, die sich schon lange und gut kennen. Klar ist auch für uns, daß wir unbedingt eine Skiabfahrt von einem 8000 m hohen Gipfel versuchen wollen. Am Ende des Abends bin ich Feuer und Flamme für diese Idee.

Der anfänglichen Begeisterung folgt nun die nüchterne Arbeit. In den nächsten Wochen durchstöbern wir Archive, durchforsten Bücher, Zeitschriften und Magazine, studieren Karten, befragen Himalaya-Kenner. Ein hektischer Briefwechsel zwischen Ekkert in Konstanz und mir in München setzt ein, und bald schon schält sich ein Favorit heraus, konzentrieren sich unsere Recherchen auf einen Berg im Herzen des Himalaya, hoch im Norden Nepals gelegen, einen Berggiganten, der als Meilenstein in die Geschichte des Expeditionsbergsteigens eingegangen ist: die Annapurna I, 8091 m hoch.

In der Schule habe ich zum ersten Mal von der alpinistischen Großtat einer französischen Expedition im Jahre 1950 gehört: An jenem historischen 3. Juni 1950 stehen Louis Lachenal und Maurice Herzog auf dem Gipfel der Annapurna I und bezwingen damit als erste einen über achttausend Meter hohen Berg.

Doch danach ist es wieder ruhig um diesen Berg geworden, bis 20 Jahre später das Interesse für ihn noch einmal aufflammte, als die englische Mannschaft um Chris Bonington mit der ersten (und bisher einmaligen) Durchsteigung der extrem schwierigen Annapurna-Südwand eine Neue Ära im Himalayabergsteigen einleitete.

Aber sonst? Wir wußten, ausgenommen diese beiden Ereignisse, so gut wie nichts von ‚unserem Berg‘.

Die genaue Betrachtung von alten Bildern und Skizzen aber läßt es immer klarer werden: Dieser Berg soll es sein! Seine Nordflanke, über die er erstmals erstiegen worden war, müßte sich für eine Skiabfahrt eignen. Sicher, manche Passagen dürften sehr schwer werden, aber es muß möglich sein. Wieder geht es in die verschiedenen Büchereien. In allen Karteien wird unter dem Stichwort Annapurna nachgeschaut. Und so langsam lüften sich die Geheimnisse um diesen Berg. Wieso nur hat man bei uns so wenig über diesen Riesen gewußt? 15 Expeditionen waren schon vor uns dort gewesen, siebenmal waren Bergsteiger auf dem Gipfel. Obwohl die Presse sich sonst immer begierig auf Sensationen und Unglücke stürzt, wer hat schon von den Bergsteigern gehört, die dort ums Leben gekommen sind? Mit immer bangeren Gefühlen lesen wir von den Lawinen, von den Eisschlägen.

Daß die Annapurna vielleicht der unbekannteste Achttausender ist, rührt wahrscheinlich auch von ihrer Abgeschiedenheit her:

Versteckt und vergessen liegt sie hinter einem mächtigen Gebirgsring aus trutzigen Sechs- und Siebentausendern: Nilgiri, Tilicho Peak, Grand Barrière, Roc Noir, Glacier Dôme, Gangapurna, Machapuchare. Die Annapurna I ist der höchste Berg eines gleichnamigen Gebirgsstocks, des Annapurna Himal, der fünf Siebentausender – Annapurna II–IV, Annapurna South, Fang – umfaßt.

Gustav Harder, Oberauer Str. 10, D-8000 Munich,
W-Germany

To,
His Majesty's Govt,
Ministry of Foreign Affairs,
(Mountaineering Expedition Section)
Kathmandu, Nepal

Munich, 7. 5. 1976

Sir,
We, being desireous of climbing Annapurna I Himalayan
peak of the Kingdom of Nepal which is 8091 meter high in
the Autumn Season of the Year 1978, do hereby in accor-
dance with the mountaineering Expedition Regulation,
1976 of His Majesty's Govt, upon the receipt...

Mühsam tippe ich Buchstaben für Buchstaben des vorfor-
mulierten Antrags aufs Papier. Immer wieder schlage ich
im Wörterbuch nach. Zwei Seiten Brief kosten mich
ebenso viele Stunden. Schnell mit dem Rad zur Post, bevor
ich es mir noch einmal anders überlege.

Der erste Akt ist damit abgeschlossen. Ekkert und ich
sind weiter rührig, schreiben fleißig Briefe hin und her,
sprechen mit diesem oder jenem Freund, formen eine
Mannschaft nach unserer Idee. Aber noch fehlt uns die
Voraussetzung zu ihrer Verwirklichung: Es kommt keine
Nachricht aus Kathmandu. Allmählich glauben wir, daß
unser Antrag im Papierkorb eines königlichen Beamten im
Außenministerium gelandet ist. Vielleicht hätten wir unsere Bewerbung doch besser über den Deutschen Alpenverein einreichen sollen, dann hätte von vornherein eine große

Organisation dahintergestanden. Aber so im Alleingang, als Privatinitiative?

Endlich, im Mai 1977, fast auf den Tag genau ein Jahr nach Beantragung, liegt ein Brief des Nepalesischen Außenministeriums in meinem Postkasten. Mit zittrigen Händen öffne ich das Kuvert, überfliege die Förmlichkeiten, um möglichst schnell zum Kern des Schriftstücks zu kommen: „... leider können wir Ihnen die Genehmigung einer Besteigung für den Herbst 1978 nicht geben. Zu diesem Zeitpunkt ist bereits eine andere Expedition eingetragen. Sollten Sie an einer Besteigung im Frühjahr 1979 interessiert sein, bitten wir Sie..."

Das ist praktisch die Genehmigung. Zwar ein halbes Jahr später als geplant, aber was soll's! Das Telefon läuft heiß: „Die Genehmigung ist da! Aber erst fürs Frühjahr 79. Kannst du auch zu diesem Zeitpunkt?" Es fällt mir wie ein Stein vom Herzen: Alle sind einverstanden. Postwendend geht unsere Bitte um Besteigungserlaubnis im Frühjahr 1979 nach Nepal.

Die Euphorie des Augenblicks ist jedoch rasch geschwunden. Harte Arbeit liegt jetzt vor mir, die Expedition baut sich plötzlich wie ein unüberwindlicher Berg vor mir auf. Ich bekomme Angst vor meiner eigenen Courage. Wie sollen wir die Finanzierung für ein solches Mammutunternehmen schaffen? Wer hat die notwendige Zeit für die immense Vorbereitungsarbeit? Haben wir das Leistungsniveau für einen solchen Berg? Das sind Fragen, die mich quälen. Aber auch bei den Freunden grassiert ein Bazillus mit dem Namen Unsicherheit.

Zwei Monate später, bei einer Ausbilderschulung des Deutschen Alpenvereins, spreche ich mit Manfred Sturm über meine Probleme. Manfred ist Referent für Auslandsfahrten im DAV und hat schon so manche Expedition mitgemacht. Auch er glaubt, daß es sehr schwierig werden wird, das ganze Unternehmen als Privatinitiative auf die Beine zu stellen. Die letzte große deutsche Himalaya-Expedition zum Kangchendzönga („Kantsch') 1975 wurde gemeinsam vom Deutschen und vom Österreichischen Alpenverein getragen. Bei diesem Stichwort schaltet sich Günter Sturm in unsere Diskussion ein. Günter ist Leiter der Berg- und Skischule des DAV und war Teilnehmer der Kantsch- und Lhotse-Expedition. Er hat einen Vorschlag: „Genehmigungen für einen Achttausender haben echten Seltenheitswert. Wenn schon einmal eine deutsche Gruppe die Erlaubnis zu einer Besteigung hat, dann sollten wir diese Chance nutzen und eine größere Sache daraus machen. Zum Beispiel, daß eine Gruppe auf die Nordseite der Annapurna geht und die Skiabfahrt macht, während eine zweite Gruppe gleichzeitig einen Versuch an der Südwand unternimmt."

Neue Köpfe und neue Ideen für das junge Expeditionsunternehmen. Wenige Wochen später treffen wir uns alle bei Peter Vogler in Kempten, der auch schon beim erfolgreichen Unternehmen zum Yalung Kang, dem 8438 m hohen Westgipfel des Kangchendzönga sowie bei der Besteigung des Lhotse (8501 m) dabei war. Wir diskutieren die halbe Nacht hindurch; schließlich stimmen wir alle Günters Plan zu. Gleichzeitig wählen wir Günter Sturm – nicht ohne Hintergedanken – zum Gesamtleiter der Expedition. Er hat die größte Erfahrung, verfügt über weitmaschige Beziehungen und hat das Büro seiner Berg- und Skischule zur Verfügung. Ich werde zum stellvertretenden Leiter gewählt. Günter will zur Annapurna-Südseite, ich an die Nordflanke.

Ein halbes Jahr später: Unsere Vorbereitungsarbeiten kommen gerade auf Touren, da flattert ein Brief der nepalesischen Regierung auf meinen Schreibtisch: „... leider kann Ihrer geplanten Expedition die endgültige Genehmigung erst für die Vormonsunzeit 1980 erteilt werden. Sollten Sie daran interessiert sein, so bitten wir Sie..."

Natürlich sind wir daran interessiert, mehr denn je zuvor. Wieder glühen die Telefondrähte: „Genehmigung erst für Frühjahr 80." Und: „Paßt das in deinen Terminkalender?" Es paßte überall. Es mußte passen! Jetzt wird mit Nachdruck gearbeitet. Günter schickt sofort die Zusage nach Kathmandu. Über einen Mittelsmann läßt er gleich die gesamte Expeditionsgebühr von 2000 Mark einzahlen, und so halten wir in kürzester Zeit die endgültige Genehmigung in der Hand.

Aber noch sind nicht alle Schwierigkeiten der Expeditionsvorbereitung gemeistert.

Es ist mittlerweile März 1979, ein Jahr Galgenfrist noch bis zum Tag der Abreise, und ich leite gerade einen Ausbildungskurs für Sportstudenten in den Dolomiten. Eines Abends ruft Susi, meine Frau, an, ich solle sofort Kontakt mit Günter Sturm aufnehmen. Was ist los? Tausend Gedanken schwirren mir durch den Kopf. Endlich bekomme ich spätabends eine Leitung nach Starnberg. Günter findet nicht sofort die richtigen Worte, was Seltenheitswert bei ihm hat. Er wisse gar nicht, wie er es mir sagen solle: Kurzfristig und überraschend habe er eine Genehmigung für die Besteigung der Shisha Pangma in Tibet für das Frühjahr 1980 bekommen. Es ist das erste Mal, daß die Volksrepublik China ihre Pforten westlichen Bergsteigern öffnet. Seine Bemühungen, einen alternativen Termin für diese Achttausender-Expedition zu erhalten, scheiterten am Widerstand der chinesischen Offiziellen. Es ist klar, was er tun wird.

Jetzt stehen wir also wieder am Anfang, die Last der Verantwortung ruht jetzt wieder allein auf meinen Schultern. Ein Jahr nur noch bis zur Annapurna-Fahrt, wie sollen wir das schaffen ohne den ganzen Apparat, den Günter einbrachte? Aber Günter ist noch nicht fertig: „Ich verspreche dir, daß ich einen großen Teil der Vorbereitungsarbeiten für eure Expedition mitübernehme. Außerdem steht euch mein Büro zur Verfügung."

Dieses Versprechen tröstet, beruhigt mich aber nicht. Ich bin skeptisch. Günter wird wohl in den kommenden zwölf Monaten genug mit seiner eigenen Expedition zu tun haben, als daß er sich auch noch um unsere kümmern könnte. Später stellt sich jedoch heraus, daß meine anfänglichen Befürchtungen unbegründet waren: Er hat sein Versprechen eingelöst.

Unsere Mannschaft

Die erfahrenen Himalaya-Männer gehen also mit Günter zum Shisha Pangma, und unsere Mannschaft ist wieder auf die Größe zurechtgestutzt, in der sie ursprünglich einmal konzipiert war. Jetzt ist es für uns eine abgemachte Sache, es dabei zu belassen. Lange genug haben wir schon gebraucht, den Kreis festzulegen.

Für mich war es von Anfang an klar, daß mein Bruder Klaus mit von der Partie sein mußte. Vieler Überredungskunst hat es nicht bedurft, ihn zu gewinnen. Freilich mußte er sich mit seiner Familie arrangieren, so, wie die meisten es von uns tun mußten. Beruflich gab es bei ihm keine Schwierigkeiten, er ist freischaffender Architekt. Ursprünglich hatten wir beide ein Handwerk gelernt, Klaus Schreiner, ich Drechsler. Während sich Klaus der Innenarchitektur zuwandte, machte ich aus meinem Hobby einen Beruf und wurde Sportlehrer. Gemeinsam waren Klaus und ich zu den ersten Klettertouren im Rätikon und Alpstein unterwegs; später machten wir unsere erste Auslandsfahrt in den Hohen Atlas von Marokko, dann in das Zagros-Gebirge in Persien, wo wir außerdem die Nordwand des 5770 m hohen Demavend durchstiegen. 1972 gelang uns mit Peter Vogler die Erstbesteigung des 6840 m hohen Cho Butse im nepalesischen Rolwaling-Himal. Auf unserer Grönland-Expedition 1975 bildeten wir meist eine Seilschaft bei den Eiskletereien.

Damit waren wir schon zwei. Es war für uns auch keine Frage, wen wir als Dritten haben wollten: Wolfgang Brög. Wolfgang und ich haben schon zusammen in Lindau die Schulbank gedrückt. Bei vieler Jugendbergfahrten waren Klaus, Wolfgang und ich gemeinsam unterwegs. Zusammen haben wir unsere Klettertechnik so lange ausgefeilt, bis wir auch schwere Touren machen konnten. Dann enteilte uns plötzlich Wolfgang mit seinem Können. Eiger-Nordwand, Walkerpfeiler, Droite-Nordwand waren die Höhepunkte seiner Kletter-Karriere. Während des Studiums haben wir die Bude geteilt, und auch die Bergführerausbildung haben wir gemeinsam absolviert. Ursprünglich gelernter Radio- und Fernsehtechniker, stieg Wolfgang später in das Filmgeschäft und entwickelte sich zu einem hervorragenden Kameramann und Filmemacher. Seine Bergfilme spiegeln Enthusiasmus und Kompetenz gleichermaßen wider. Wolfgangs Leitspruch: „Ich gehe nur mit meiner Arriflex auf den Gipfel. Wenn ich das mit Kamera nicht schaffe, bleibe ich lieber unten." Und daran hielt er sich dann auch.

Mit Wolfgang stand auch schon der nächste Teilnehmer fest: Erika Heimrath, mit der Wolfgang den Großteil seiner schwierigen Alpentouren gemacht hatte. Erika gelang unter anderem die erste Frauenbegehung des gesamten Peuterey-Grats am Mont Blanc, die Begehung des Walkerpfeilers, der Großen Zinne, der Scotoni-Südwand. Wir freuen uns, damit eine Frau in unserem Team zu haben, von der wir wissen, daß wir auch unter schwierigsten äußeren Bedingungen mit ihr gut harmonieren. Erika studiert Medizin und muß zusehen, wie sie Expedition und Prüfungstermine unter einen Hut bringen kann.

Auch der Fünfte war schnell gefunden: Thomas Hummler, kurz Flo, entstammt ebenfalls unserem Lindauer Kreis. Er ist mit seinen 26 Jahren der Benjamin der Mannschaft. Diese Rolle spielt er schon immer in unserem Freundeskreis, und wahrscheinlich ist das der Grund dafür, daß er auch heute noch gegen gelegentliche Bevormundung durch uns anzukämpfen hat. Thomas hat schon schwierige Touren in den Alpen hinter sich; sein Schwerpunkt liegt beim alpinen Bergsteigen, bei Skitouren und Eisklettereien. 1975 war er gemeinsam mit Klaus und mir auf Grönland zum Klettern unterwegs.

Wie ernst es ihm mit der Teilnahme an der Annapurna-Expedition ist, zeigt, daß er nach seinem Volksschullehrer-Examen nicht sofort in den Schuldienst eintritt, sondern die Zeit bis zur Expedition mit Jobs überbrückt, um mögliche Schwierigkeiten bei der Freistellung zu umgehen. Wie weitsichtig das ist, zeigte sich später noch am

Beispiel von Konni. Konrad Staltmayr gehört ebenso wie Erika und Wolfgang zur Sektion Peißenberg des DAV, und Wolfgang war es auch, der vorschlug, Konni mitzunehmen. Konni hat bergsteigerische Unternehmungen wie die Grandes Jorasses, Walkerpfeiler, den Marmolada-Südpfeiler, Große Zinne/Direkte Nordwand hinter sich. Er ist geprüfter Bergführer und Mitglied des DAV-Lehrteams. Ich habe Konni schon auf zahlreichen Ausbildungskursen erlebt und ihn als hervorragenden Techniker und konditionsstarken Bergsteiger kennengelernt. Ich bin felsenfest davon überzeugt, daß er in diese Mannschaft paßt und eine echte Verstärkung bedeutet. Ich bitte Wolfgang, die Stimmen der übrigen Teilnehmer per Telefonrundruf einzuholen. Bereits am gleichen Abend gibt er mir Bescheid: „Alle einverstanden." Bleibt nur noch das Problem der Dienstbefreiung, denn Konni, gelernter Heizungsfachmann, ist heute als gewerblicher Fachlehrer für Metall an einer staatlichen Berufsschule tätig.

An genau diesem Problem scheitert nämlich Ekkert Gundelachs Teilnahme. Ganz deprimiert schreibt er mir, daß er nun endgültig absagen muß, weil er vom Baden-Württembergischen Kultusministerium keine Freistellung erhalten hat. Schade. War es doch Ekkert, der Idee und Anstoß zu dieser Expedition gegeben hatte. Nur wenige Tage später kommt das ‚Aus' von Peter Vogler. Er war noch im Herbst 1979 mit einer schwäbischen Expedition am Everest unterwegs, nun veranlassen ihn familiäre Gründe zur Absage.

Glücklicherweise finden wir in Karl Schrag aus Traunstein mehr als nur einen Ersatzmann für den verhinderten Freund. Karl habe ich einige Jahre zuvor bei der Internationalen Expedition zum 7132 m hohen Pik Lenin im

Pamir-Gebirge kennengelernt. Leider war Karl damals nicht mit auf dem Gipfel dabei, denn bei einer Flußdurchquerung, besser gesagt Flußdurchwatung, holte er sich eine schwere Lungenentzündung und lernte dadurch unfreiwillig das Krankenhaus im nahegelegenen Osch kennen. Karl ist Bergführer und arbeitet hauptamtlich im Ausbildungsreferat des Deutschen Alpenvereins. Wir kennen einander von vielen Ausbildungskursen und Schulungen. Karl würde gerne mitkommen, und ich gebe ihm, froh darüber, sofort eine Zusage. Mit dieser Nachricht komme ich auf das nächste Vorbereitungstreffen der Expedition und erhalte erst einmal einen unerwarteten Dämpfer von meinen Freunden. Warum ich denn Karl schon zugesagt hätte? Ob ich unsere Abmachung vergessen hätte, alle wesentlichen Entscheidungen in der Gruppe zu fällen? Ich bin betroffen. Im Übereifer hatte ich wirklich nicht daran gedacht. War ich es doch, der von Wolfgang das Plazet für Konni von jedem einzelnen Gruppenmitglied gefordert hatte. Keiner hat etwas gegen Karl, im Gegenteil, jeder ist froh, daß so ein routinierter Bergsteiger mitmacht. Aber ich hätte halt vorher fragen sollen. Ich sehe das ein und gelobe Besserung. Mit „ist schon gut" und „Prost auf unser neues Mitglied" ist die Sache ausgestanden.

Damit sind wir sieben Teilnehmer. Fehlt noch der Arzt. Leider haben wir keinen in unserem Freundeskreis, aber Professor Paul Bernett am Sportzentrum der Technischen Universität München, meiner Dienststelle, hat schon lange sein Interesse bekundet, bei dieser Expedition ein wissenschaftliches Programm durchzuführen. Lange Zeit bleibt unklar, ob er einen Arzt dafür gewinnen kann. Endlich, es sind nur noch drei Monate vor der Abreise, teilt er mir mit, daß er einen Arzt gefunden hat. Am gleichen Tag rufe ich noch Werner Müller-Esterl in seiner Klinik an, ein paar Tage später treffen wir uns alle. Unsere Erleichterung ist groß. Wir spüren, daß Werner zu unserer Mannschaft paßt. Von seinen ärztlichen Qualitäten werden wir uns später noch oft genug überzeugen können.

Vor den Erfolg haben die Götter den Schweiß gesetzt

Es ist kurz vor Jahreswende 1979/80. Gestern haben wir Werner kennengelernt. Er hat uns gleich einen Zettel in die Hand gedrückt, was aus medizinischer Sicht noch alles zu tun ist: Fragebogen ausfüllen – Röntgen – Impfen – Grunduntersuchung – sportmedizinische Untersuchung und, und, und...

Aber das war nur ein Punkt auf der Tagesordnung, deren Länge Bände sprach: Es bleibt noch unheimlich viel zu tun. Schon am Anfang hatten wir abgesprochen, die gesamte Organisation im Teamwork abzuwickeln. Alle Entscheidungen von Tragweite können nur durch die Mehrheit der Expeditionsteilnehmer gefällt werden. Als Leiter vertrete ich die Expedition nach außen und entscheide bei Stimmengleichheit. Eine solche Entscheidung mußte ich nie treffen. Jeder strittige Punkt ist so lange diskutiert worden, bis Einigkeit erzielt war. Das ist zwar ein zeitraubendes Verfahren, entspricht aber mehr unserem Verständnis von Partnerschaft am Berg.

Die zeitliche Abfolge unserer Arbeitsbesprechungen wird nun immer dichter, wir pendeln ständig zwischen unseren Stützpunkten Lindau, Peißenberg und München hin und her und haben alle Hände voll zu tun.

Konni kümmert sich um das Seilmaterial. Verhandlungen mit der Herstellerfirma, Rückfragen, Bestellungen, Umbestellungen, Abholung, Sortieren, Verpacken. Flo entpuppt sich als Beschaffungsgenie. Er verlegt seinen Wohnsitz vorübergehend nach München, pendelt zwischen meiner Wohnung, dem Büro der Berg- und Skischule und unseren Lieferfirmen hin und her. Ein großartiger Einfall, die Referendarzeit erst nach der Expedition zu beginnen! Flos Arbeitskraft ist jetzt Gold wert. Wir anderen müssen ja noch nebenbei unserem Beruf nachgehen und außerdem auch trainieren. Die meisten haben nur zwei- oder dreimal in der Woche Gelegenheit, Kondition zu tanken bei Bergsteigen, Waldlauf, Krafttraining, Schwimmen, Langlaufen.

Zu Weihnachten sind wir alle auf Skitour. Klaus, Flo und ich sind mit Frauen, Kindern und Freunden im Gsiestal in Südtirol. Eine Woche in Ruhe und Abgeschiedenheit ist ein willkommener Kontrast zur hektischen Phase der Expeditionsvorbereitung. Tagsüber Skitouren in den Dolomiten, am späten Nachmittag meist noch Langlaufen. Ein wenig Entspannung auch für unsere Familien. In diesen Tagen wird auch zur Gewißheit, was Susi schon seit drei Wochen vermutet: Wir bekommen unser erstes Kind. Freude und Furcht streiten in mir, Zweifel keimen in mir auf: Ist das der richtige Zeitpunkt, auf Expedition zu gehen? Und wenn mir etwas zustößt? Aber wir sind nicht allein mit Angst und Glück: Werner und seine Frau Anni erwarten ebenfalls ein Baby.

Zu Jahresbeginn überrascht uns Wolfgang mit der Nachricht, daß er vom Bayerischen Rundfunk einen Auftrag für einen Expeditionsfilm erhalten hat. Vorerst fliegt er aber ein paar Wochen nach Bolivien und Brasilien, um einen Film über Hans Ertl zu drehen.

Klaus hat große Schwierigkeiten bei der Beschaffung des Verpackungsmaterials. Bei früheren Unternehmungen hatten wir erfolgreich wasserfeste Doppelkartons eingesetzt, aber die Firma hat die Produktion dieser Pappschachteln eingestellt. Nach langem Hin und Her gelingt es Klaus, die Firmenleitung dazu zu bewegen, in einer Spezialanfertigung nochmals derartige Kartons herzustellen. Inzwischen sitze ich nächtelang über der Berechnung und Zusammenstellung der Verpflegung. Mein Kopf ist voll von Hartwurst, Instant-Suppen, Eipulver und gefriergetrockneten Gerichten. Glücklicherweise existieren noch Aufzeichnungen über Bedarfsplanung und den tatsächlichen Lebensmittelverbrauch der Deutsch-Österreichischen Yalung Kang-Expedition von 1975 und der Schwäbischen Lhotse-Expedition 1977. Fritz Zintl, Teilnehmer beider Expeditionen und heuer Mitglied des Shisha Pangma-Teams, hat einen Schlüssel erarbeitet, nach dem ich unseren Bedarf berechnen kann. Es wird so knapp wie möglich kalkuliert, um ja keine Transportkapazität durch überschüssige Verpflegung zu blockieren.

Karls Aufgabe ist die Zusammenstellung der Ausrüstungsliste. Wie viele Mannschaftszelte, Thermozelte, Hauszelte brauchen wir im Basislager, wieviel am Berg? Welchen Vorrat an Eisschrauben, Eishaken, Fels- und Firnhaken? Zweitgestänge, Werkzeug und Ersatzteile müssen mitgenommen werden.

Werner legt so manche Nachtschicht ein, um die notwendigen Geräte für sein wissenschaftliches Programm zusammenzustellen. Darüber hinaus ist eine umfangreiche

Expeditionsapotheke anzulegen, Medikamente müssen geordnet, Wundversorgungsmaterial muß beschafft werden. Erika hilft ihm dabei. Im Rahmen des wissenschaftlichen Begleitprogramms wird sie ihre medizinische Dissertation durchführen. Dann fällt Erika für einige Zeit aus, sie liegt am Ende des Jahres 1979 mit einer Gelbsucht, die sie aus dem Amazonas-Gebiet mitgebracht hat, im Krankenhaus.

Neben der organisatorischen Vorbereitung versucht jeder, wenigstens am Wochenende Bergtouren zu unternehmen. Aber selbst das geht nicht immer bei mir; oft drehe ich spät abends noch meine Runden im spärlichen Licht einer Stirnlampe. Der Countdown geht unerbittlich weiter: Nur noch 6 Wochen bis zur Abreise. Heute wieder ein Arbeitstreffen bei mir zu Hause. Endlich kann ich die definitiven Abflugtermine bekanntgeben: Flo fliegt bereits am 9. März; er soll unsere Vorhut in Kathmandu bilden, die Formalitäten mit dem Zoll abwickeln. Wir anderen fliegen am 14. März. Erika folgt eine Woche später; sie ist wieder genesen, muß aber vor Expeditionsbeginn noch eine Zwischenprüfung ablegen. Konni schaut heute abend recht betreten drein. Nur zögernd rückt er mit seiner Hiobsbotschaft heraus: „Ich fürchte, ich kann nicht mitfahren. Mein Gesuch um Dienstbefreiung ist bis zum Bayerischen Kultusminister persönlich gegangen, und der hat unmißverständlich geäußert, daß ich unter keinen Umständen freigestellt werde." Der Brief des Ministers macht die Runde, wir sind alle tief betroffen. Obwohl er für die Zeit seiner Abwesenheit Dienstbefreiung unter Wegfall der Bezüge beantragt hatte, wurde ihm dieser abschlägige Bescheid erteilt. Konni ist wie am Boden zerstört und meint, wir sollten ihn lieber gleich von der

Teilnehmerliste streichen, damit der Platz für einen anderen frei ist. Aber wir wollen noch nicht aufgeben, es muß ein Ausweg gefunden werden. Wir aktivieren sämtliche Kontaktpersonen, die uns helfen könnten: Bürgermeister, Landtagsabgeordnete, den Geschäftsführer des DAV und natürlich auch Erikas Vater, Hans Heimrath, DAV-Sektionsvorsitzender in Peißenberg. Nun müssen wir warten.

Am nächsten Morgen ist die sportmedizinische Untersuchung. Jeder wird auf das Laufband gestellt, Atemmasken werden umgehängt, Elektroden angelegt: Unsere Kondition, Lungenfunktion, Herz-Kreislauf-Regulation auf dem Prüfstand. Werner gibt mittags bekannt, daß im großen und ganzen befriedigende Ergebnisse erzielt wurden, zwei von uns befinden sich auf dem Niveau von Hochleistungssportlern, die meisten im Bereich von Leistungssportlern, aber es sind da auch... Wolfgang, der gerade einen Tag von den Filmarbeiten in Südamerika zurück ist, bringt mit seinen Werten den untersuchenden Sportarzt fast zur Verzweiflung. Kann man denn einen solchen Mann überhaupt guten Gewissens in den Himalaya ziehen lassen? Der kommt ja wohl nie auf den Gipfel, meint er.

Am Wochenende treffen sich Wolfgang und ich bei einem Fest auf der Peißenberger Hütte am Hörndl bei Bad Kohlgrub. Eine letzte Gelegenheit zum Feiern vor dem großen Endspurt. Doch mitten in der Nacht müssen wir eine kranke Bergsteigerin mit dem Akja ins Tal bringen. Erst gegen halb vier in der Früh machen wir uns wieder an den Aufstieg. Bei Wolfgang läuft es sehr schlecht. Alle paar Schritte muß er stehenbleiben. War es der Aufenthalt an der Copacabana? Oder der Alkohol, der ihm die Glieder schwer macht? Mühsam hält er sich mit seinen Skistöcken im Gleichgewicht. Ein eiskalter Sturm bläst uns ins ungeschützte Gesicht. Wir kommen nur im Schneckentempo voran. Vor der Hüttentür dann bleibt Wolfgang noch einen Augenblick stehen, wendet sich um: „Ich wollte schon unten aufgeben. Aber dann habe ich mir gedacht: Wenn ich in dem Zustand hier raufkomme, dann schaffe ich auch die Annapurna!" Ein etwas gewagter Vergleich, aber er sollte recht behalten.

Es ist Ende Februar. In vier Tagen soll unser Gepäck auf die große Reise nach Nepal gehen. Herr Klammert von der der Deutschen Himalaya-Stiftung hat für uns und die Shisha Pangma-Expedition einen Lagerraum im Ausbildungszentrum der Bayerischen Bauindustrie beschafft. Emsig wie im Ameisenhaufen geht's hier zu, Tag und Nacht wird nun gepackt. 3 Tonnen Ausrüstung und Verpflegung müssen gesichtet und sortiert werden. Was benötigen wir auf dem Anmarsch, im Hauptlager, was in den Hochlagern? Gepäckstücke zu je 30 kg, entsprechend einer Trägerlast, werden hergerichtet, getrennt nach Bestimmungsort geschnürt. Wenn alle anpacken, schaffen wir das auch noch. Zwischen Kisten und Kasten, Zelten und Zubehör kommt plötzlich die frohe Nachricht, daß Konni dank landesväterlicher Güte nun doch die Freistellung von der Schule erhalten hat. Wir liegen uns in den Armen.

1. März 1980. Flo kutschiert einen geliehenen Lastwagen vor das Warenlager. Konni, Karl und ich haben die letzten Stunden wie verrückt geschuftet. Zwischendurch kommt Werner aus der Klinik und bringt noch eine Kiste mit Medikamenten, dann Pumpen, Zentrifugen, Gefriertrockner, alles im Namen der Wissenschaft. Anfänglich haben wir noch alles sorgfältig registriert, aber jetzt gilt es

nurmehr, das verbliebene Zeug irgendwo zu verstauen. Wir unken über unser ‚Mammut'-Unternehmen, als sich schlußendlich 150 Kisten vor uns auftürmen. Dabei schneiden wir im Vergleich mit anderen Expeditionen eher zwergenhaft ab. Schnell aufladen und ab die Post nach Frankfurt. Auf dem Rhein-Main-Flughafen geben Flo und Wolfgang unser Expeditionsgut auf. Drei Wochen wird es dauern, bis wir die ersten Kisten am Ziel in Empfang nehmen können.

Eine Woche später: Abschiedsfest bei Flo in Lindau. Er fliegt morgen schon als vorgeschobener Posten nach Kathmandu, um vor Ort schon Formalitäten zu erledigen. Uns anderen bleibt noch eine letzte Woche der Vorbereitung, übervoll mit Terminen, persönlichen Besorgungen, Verabschiedungen, Packen des persönlichen Gepäcks, Geldtausch, Verstauen der in letzter Minute noch eintreffenden Ausrüstungsgegenstände. Endlich wird der letzte Seesack geschlossen. Es ist wie eine Erlösung.

Unsere Sherpa-Mannschaft

Hoch über den Wolken, irgendwo zwischen Frankfurt und Neu-Delhi. Entspannung und Muße nach Wochen der hektischen Betriebsamkeit. Ich träume vor mich hin, Erinnerungen steigen in mir auf. Vor acht Jahren sind wir noch diese schier unendliche Strecke nach Hinterindien mit zwei klapprigen VW-Bussen gefahren: Fast vier Wochen saßen Klaus und ich hinterm Steuer. Das Flugzeug läßt die Zeitspanne auf acht Stunden zusammenschrumpfen, aber damit schwindet auch die Empfindung für die räumliche Distanz, die Vielfalt der dazwischenliegenden Länder und Völker. Schade, daß uns heute die Zeit für eine solche Tour fehlt. Ich denke an die deutschen Vorkriegsexpeditionen zum Kantsch und zum Nanga Parbat, die noch Wochen per Schiff, mit dem Maulesel oder zu Fuß unterwegs waren, um zu ,ihrem' Berg zu gelangen. Ironie des Jet-Zeitalters: Genauso lange, wie der Interkontinental-Flug dauerte, hängen wir jetzt in den kanariengelben Plastikschalen des Wartesaals im Flughafen von Neu-Delhi. Endlich werden wir zum Flug der Royal Nepalese Airlines aufgerufen. Eine halbe Stunde nach dem Start drücken wir unsere Nasen an den blinden Scheiben der Maschine platt: Schemenhaft tauchen die Umrisse des Himalaya auf. Jetzt schraubt sich der Machapuchare (,Fischschwanz') schlank vor uns in die Höhe. Dahinter thront wuchtig der Bergkoloß Dhaulagiri; an seiner Seite, getrennt durch das tiefste Tal der Erde, ruht majestätisch Annapurna, die Göttin der Ernten!

Sechs Jahre ist es nun her, daß ich zuletzt in Nepal war, doch der Anflug auf Kathmandu hat nichts von seiner Faszination verloren. Schon taucht unser Flugzeug ins Kathmandu-Tal ein. Wird Flo uns erwarten? Hat er schon einiges für uns erledigen können? Unser Handgepäck türmt sich in der Zollhalle zu einem kleinen Berg auf. Wir warten noch auf die Abfertigung, als plötzlich Flo auftaucht. Großes Hallo, Freude und fragende Gesichter. Und sogleich sprudelt aus ihm heraus, was er in der letzten Woche hier alles erlebt hat: die Rennerei von Ministerium zu Ministerium, von einem Büro zum anderen. Die Zolldeklaration ist zwar erledigt, aber unser gesamtes Expeditionsgut liegt noch in Neu-Delhi. Der nepalesische Zoll hat kurzerhand einen Aufnahmestopp für Luftfracht verfügt, da die Frachthalle am Flughafen Kathmandu zum Bersten voll ist. Aber selbst diese Nachricht kann unsere Freude darüber, in Nepal zu sein, nicht dämpfen. Auf dem Platz vor dem Flughafengebäude werden wir von Tashi-La, einer charmanten Tibetanerin, mit farbenfrohen Blumenkränzen begrüßt. Tashi ist Angestellte der Annapurna Mountaineering and Trekking Pvt Ltd, einer der großen Trekking-Organisationen in Kathmandu. Diese Gesellschaft, kurz AMTREK genannt, ist entsprechend den ministeriellen Regeln für Expeditionen unser Vertragspartner in Nepal. Zu unserer Begrüßung haben sich auch einige Sherpas eingefunden; ein wenig zögernd kommen sie auf uns zu. Tashi-La stellt jeden einzelnen namentlich vor. Und dann geht's ab ins Hotel Tara-Gaon am nördlichen Stadtrand von Kathmandu, wo wir in der nächsten Woche unsere Bleibe haben. Am Nachmittag knüpfen wir beim traditionellen tibetischen Buttertee die ersten Kontakte zu den Sherpas, und am Abend bei Chang, einem Reiswein, der warm geschlürft wird, taut das letzte Eis weg. Wir erzählen von uns, fragen neugierig, und schon bald sind wir uns nicht mehr so fremd.

Nima Nurbu Lama ist der Sirdar, also der Sherpa-Leiter der Expedition. Er ist 28 Jahre alt und stammt aus Solu-Garma. Er arbeitet bereits seit 1970 bei AMTREK, erst zwei Jahre als Sherpa, dann stieg er zum Sirdar auf. Er hat schon 40 oder 50 Trekkingtouren geleitet. Als Sirdar war er bei einer italienischen Expedition am Noshaq in Afghanistan dabei. Letztes Jahr führte er eine ebenfalls italienische Gruppe durch den Dschungel von Neu-Guinea. Er hat bereits zweimal Deutschland besucht und bringt auch ein paar Brocken Deutsch zusammen („Auf geht's";

„Geh'm mer wieder"). Um so versierter ist sein Englisch. Erstaunt hören wir, daß er nur 4 Jahre lang eine Schule in Solu besucht hat. Voller Stolz erzählt er von seinen beiden Töchtern, die 3 und 6 Jahre alt sind, und von seinem sechsmonatigen Sohn.

Noch erstaunter sind wir zu hören, daß Nima ein wenig Angst vor hohen Bergen hat. Aus diesem Grunde beschränkt er sich darauf, bis auf Höhe des Basislagers mitzugehen. Von dort aus organisiert er den Nachschub.

Einige Wochen später, wir sind schon auf dem Anmarsch, erzählt Nima Episoden von seinen Trekkingtouren. 1971 führte er zum ersten Mal als Sirdar eine Gruppe des Deutschen Alpenvereins zu den Seen von Gosein Kund. Die ganze Zeit herrschte schlechtes Wetter, wahre Sturzbäche ergossen sich vom Himmel und ganze Heerscharen von Blutegeln fielen über die Trekker her. Plötzlich dämmert es bei mir: Das war doch die Tour, wo ich meine ersten Erfahrungen als Leiter einer Trekkinggruppe gesammelt hatte! Nun fällt es auch Nima wie Schuppen von den Augen: Unsere Wege haben sich schon vor 9 Jahren einmal gekreuzt!

Unser zweiter Sirdar ist *Ang Dorje Sherpa*.

Von ihm habe ich schon so viel gehört, und als wir ihn hier zum ersten Mal sehen, können wir zuerst gar nicht glauben, daß dies der berühmte Ang Dorje ist. Ein wenig untersetzt, eher schmächtig und schüchtern, macht er nicht den Eindruck, als sei er schon ohne künstlichen Sauerstoff auf dem Gipfel des Mt. Everest gestanden.

Seit 1973 ist er jedes Jahr auf einer größeren Expedition unterwegs. In der übrigen Zeit lebt Ang Dorje als Bauer in Tesho, einem kleinen Weiler zwischen Namche Basar und Thami. Ang Dorje ist 28 Jahre, verheiratet und hat zwei

Söhne und eine kleine Tochter. Er wird auf unserer Expedition die Arbeit eines Berg-Sirdars übernehmen. Die übrigen Sherpas hat er ausgesucht, es ist ‚seine‘ Mannschaft:

Ang Furba Sherpa mit seinen 22 Jahren ist der kleine Bruder von Ang Dorje. Wenn er nicht auf einer Expedition unterwegs ist, lebt er bei seinen Eltern und bei Ang Dorje in Tesho. 1975 erreichte er als Hochträger mit einer japanischen Expedition das höchste Lager am Dhaulagiri V. 1978 schleppte er als Hochträger bei der österreichischen Everest-Expedition Lasten bis zum 7986 m hohen Südcol.

Nima Nuru Sherpa kommt aus einer vielköpfigen Familie aus Hungu, nicht weit von Thami. Nima ist der einzige gesunde Sohn seiner Eltern. Der Vater ist schon an die 80 Jahre alt, und so fällt Nima mit seinen 25 Jahren die Rolle des Geldverdieners der Familie zu. Schon 1973 arbeitete er als Träger bei einer amerikanischen Expedition zum Dhaulagiri I, er ging bis zum Lager II.

1975 war er zweimal mit Japanern am Dhaulagiri V und 1978 wieder mit Japanern am Dhaulagiri I, wo er bis zum Lager III kam. Hier erlebte er als Augenzeuge den tödlichen Absturz einer japanischen Seilschaft mit. Nima hat, wie auch Ang Dorje, die Erlaubnis, die Grenzen nach Tibet zu überschreiten und dort Handel zu treiben. So zieht er jeden Sommer mit Yaks als Tragtieren über den Na-pa-la, bringt Stoffe und Kleidung ins tibetische Hochland und transportiert Salz und Dörrfleisch zurück ins Solu-Khumbu, die Heimat der Sherpas.

Ähnlich die Situation bei *Ang Sangee Sherpa*, 35 Jahre alt, der Senior unserer Sherpa-Mannschaft. Auch er versorgt als Bauer mit einigen Kühen und Schafen durch

Tauschhandel mit den Tibetanern eine große Familie: seine Frau, zwei Töchter und zwei Söhne im Alter von 4 bis 15 Jahren. Das nötige Bargeld verdient er sich auf Expeditionen. So war er 1973 und 1978 am Dhaulagiri I als Hochträger unterwegs.

Maila Pemba Sherpa stammt ebenfalls aus dem Solu-Khumbu-Gebiet. Da ein Schulbesuch für ihn unmöglich war, ging er 15jährig zusammen mit einem Freund nach Sikkim. Dort verdingte er sich für 9 Monate bei einem Gurkha-Regiment als Küchenjunge. Wieder zurück in Nepal, lernte er dann bei einem Freund Lesen und Schreiben und bekam bald die Möglichkeit, bei Trekkingtouren als Sherpa zu arbeiten. Heute ist Maila Pemba 26 Jahre alt und arbeitet fast das ganze Jahr für AMTREK. In Kathmandu hat er sich ein Zimmer gemietet, in dem er in seiner freien Zeit hauptsächlich lernt. Er hat den Ehrgeiz, möglichst bald in die Stellung eines Sirdars aufzurücken, und er weiß ganz genau, daß dies ohne Englischkenntnisse nicht möglich ist.

Auch Maila Pemba hat bereits große bergsteigerische Erfahrung. So begleitete er seit 1976 Expeditionen als Sherpa und war unter anderem bei zwei Dhaulagiri-Expeditionen dabei.

Chakraman Lama Tamang, unser Koch, ist 45 Jahre alt und steht einem reinen Mädchenhaushalt vor. Er hat 4 Töchter im Alter von 3 bis 20 Jahren.

Chakraman hat in Kathmandu bei einer amerikanischen Familie das Kochen gelernt und dann in verschiedenen europäischen Haushalten gearbeitet. Vor etwa 8 Jahren hatte er genug vom Stehen in der Küche und verdingte sich bei AMTREK als Trekkingkoch. Jährlich nimmt er an 6 bis 8 Trekkingtouren teil und verwöhnt die Teilnehmer

Unsere Sherpa-Mannschaft (v. l. n. r.) Ang Sangee Sherpa, Nima Nuru Sherpa, Sirdar Nima Nurbu Lama, Berg-Sirdar Ang Dorje Sherpa, Maila Pemba Sherpa, Girmi Sherpa, Moile, Lakpa. Davor: Ang Furba Sherpa, Chakraman Lama Tamang

mit einer ausgezeichneten nepalesischen Küche. Seine ‚fliegende Himalaya-Küche' gastierte auch schon bei Trekkings in Ladakh und in Sikkim.

Sein Küchenjunge ist *Lakpa*. Er gehört zum Stamm der Mangar, ist 21 Jahre alt und Waise. Nima Nurbu hat sich seiner angenommen, bringt ihn zu Trekkingtouren mit und versucht, Arbeit für ihn zu bekommen.

Unsere beiden Postläufer sind *Girmi Sherpa* aus Solu und *Manbahadur Newar* aus Kathmandu. Sie sind 33 und 23 Jahre alt und werden als Kuriere Nachrichten aus dem Hauptlager nach Kathmandu und die eingehende Post ins Hauptlager bringen.

Endlose Tage bis zum Aufbruch

Sonnenaufgang über Kathmandu. Die wärmenden Strahlen greifen über die nahe Stupa von Bodnath, tasten sich bis zur Terrasse unseres Hotels Tara-Gaon vor, machen unseren Frühstücksplatz wohnlich. In Eigeninitiative haben wir einige Tische auf die Veranda befördert und genießen unser Frühstück unter freiem Himmel. Tee, Toast, Ham and Egg, ziemlich englisch das Frühstück, jedoch kein Relikt aus früheren Kolonialzeiten, sondern eher Zeichen des Ausbaus der Touristik-Industrie für Gäste aus Übersee. Zuerst einmal fahren wir an diesem Morgen – wie die Ölsardinen in ein Taxi gepackt – zum AMTREK-Büro in der Innenstadt. An der Durba Marg, der Prachtstraße Kathmandus, zu Füßen des Palastes von König Birendra, reihen sich die Büros der Trekking-Organisationen wie Perlen einer Kette auf. Mit Colonel Ongdie, dem buthanesischen Chef von AMTREK, beratschlagen wir, welche Schritte wegen des noch immer in Neu-Delhi liegenden Gepäcks zu unternehmen sind. Dann schwärmen wir in alle Himmelsrichtungen aus: Flo rennt die Türen der Luftfrachtbüros ein, von der Air India zur Lufthansa, von dort zur Royal Nepalese Airlines Corporation, kurz RNAC (von den Einheimischen auch ‚Royal Nonsense Airlines always cancelled‘ übersetzt), schließlich zum Flughafenzoll. Überall die gleiche Antwort: Aufnahmestopp für Luftfracht, Frachthalle überfüllt!

Konni und Klaus durchstöbern inzwischen das Lagerhaus von AMTREK, um die Küchenausrüstung zusam-

Straßenszene in Kathmandu

menzustellen. Wolfgang geht mit seiner Kamera und seinem heutigen Assistenten Karl auf Motivsuche. Werner und ich haben einen Termin bei Mrs. Hawley, der hiesigen Korrespondentin der Nachrichtenagentur Reuter. Mrs. Hawley ist gebürtige Engländerin, lebt und arbeitet aber seit 20 Jahren in Kathmandu und hat ein aus unserer Sicht hochinteressantes Hobby: Sie sammelt alle verfügbaren Informationen über bergsteigerische Expeditionen in Nepal. Es passiert im nepalischen Himalaya fast nichts, von dem sie nicht wüßte. Mit ungeheurer Akribie hat sie ein regelrechtes Himalaya-Archiv zusammengetragen. Wie selbstverständlich erfahren wir von ihr alles über die bisherigen Expeditionen zur Annapurna I, vierzehn an der Zahl. Und zum ersten Mal werden wir auch mit der erschütternden Zahl von Bergsteigern konfrontiert, die an

Fasziniert, aber auch betroffen, beobachten wir die Lebensumstände der Kinder

diesem Berg ihr Leben ließen. Niemand von uns hat gewußt, daß diese Annapurna schon einen so hohen Blutzoll gefordert hat. 14 Männer und Frauen kamen bei dem Versuch um, diesen Berg zu bezwingen, und fast alle starben durch Schnee- und Eislawinen. Als wir das Büro verlassen, sind wir sehr betroffen. Werner und ich sprechen nicht darüber, aber jeder ahnt, was im anderen vorgeht.

Wir lassen uns treiben und geraten unbewußt in den Sog der Altstadt. Menschenmassen schieben sich durch die engen Gassen, die das Spalier von mehrstöckigen Holzhäusern freiläßt. Hier pulsiert das Leben, hier schlägt das Herz Nepals, hier drängen sich mehr Menschen auf engstem Raum zusammen, als sonst irgendwo auf der Welt. Fliegende Händler, wandelnde Bauchläden, taubenschlaggroße Geschäfte, schummrige Spelunken, verräucherte Kneipen: Kathmandu hat uns verschluckt. Wir rasten in einem kleinen Restaurant, essen Gobhedko surwa (Tomatensuppe), Bhutuwa (Hammel) und trinken dazu frischgepreßten Mangosaft. Und schon sind wir wieder bei der Sache: Was ist mit unserem Gepäck? Letzte Nachricht aus dem AMTREK-Büro: Die Kisten sind angekommen! Flo, Wolfgang und Karl sind bereits am Flughafen. Auf einem riesigen Gepäckberg hocken die drei. Woher der unerwartete Segen? Und das trotz Aufnahmestopp?! Flo erklärt gestenreich, daß er während seiner langwierigen Verhandlungen mit den Zollbeamten plötzlich eine unserer Expeditionskisten aus dem Riesenhaufen von Zollgütern hervorlugen sah. Kurzerhand räumte er einige andere Kisten beiseite und legte den Schatz frei: Kisten der Annapurna-Expedition waren über die ganze Lagerhalle verstreut. Zu dritt haben sie die Bergung des Expeditionsgutes vorgenommen und sehen nun aus wie Bergleute. Später stellt sich heraus, daß unser Gepäck bereits seit drei Tagen hier lagert und – die Frachthalle ist ja voll – sich sozusagen selbst den Platz wegnimmt. Da es andererseits aber schon in Kathmandu lag, konnte es natürlich in Delhi nicht abgeschickt werden. Langsam beginnen wir zu begreifen. Und wenn es uns nicht selbst betreffen würde, wäre das Ganze ein herrlicher Spaß. Aber nun ist der Teufelskreis durchbrochen.

Wir bekommen in unserer Freude allerdings einen gehörigen Dämpfer, als wir feststellen, daß doch noch nicht alles da ist. Zumindest ist aber jetzt wieder Platz in der Lagerhalle, so daß die restlichen Stücke folgen können. Dann schlägt der nepalesische Zoll zu: fast 5000 Mark müssen wir hinblättern. Die Hälfte würde bei Ausreise unter Umständen wieder zurückgezahlt werden; leider sind wir in diese Umstände nie gekommen.

Am 19. März sitzen wir noch immer in Kathmandu fest. Die Kisten kommen und kommen nicht an. Täglich pendelt einer von uns zwischen Hotel und Flughafen hin und her. Unser Gepäck steht zwar mit schöner Regelmäßigkeit auf der Frachtliste der Abendmaschine aus Neu-Delhi, aber dabei ist es nicht. Allmählich glauben wir an Sabotage. Bakschisch hilft auch nichts, wir sind verzweifelt.

So versuchen wir wenigstens, alle anderen Vorbereitungen für einen baldigen Aufbruch zu treffen. Klaus und Konni sind unsere Chefeinkäufer. Fast 500 Liter Benzin werden für die beiden Generatoren benötigt, die auf 4200 m Höhe Strom für wissenschaftliche Geräte liefern sollen. Da Benzin aber gerade rationiert wird, benötigen wir eine Sondergenehmigung. Mr. Rai, ein Angestellter von AM-TREK, hilft den beiden nach besten Kräften. Mit unserem

Koch Chakraman checken wir nochmals die Verpflegungsliste durch, denn wir werden fast zwei Monate von jeder Einkaufsmöglichkeit abgeschnitten sein. Wir – das sind acht Deutsche, sechs Sherpas, ein Koch, zwei Küchenjungen, ein Hochträger, zwei Postläufer, ein Verbindungsoffizier –, also insgesamt 21 Personen, wollen verköstigt sein. Nachdem wir die endgültige Liste zusammengestellt haben, gehen wir zum Einkaufen, dabei brauchen wir Nima und seine Sherpas dringend. Nima führt uns in entlegene Straßen, tut immer neue wohlfeile Einkaufsquellen auf und kennt auch ein paar landesübliche Tricks: Beim Zucker, der auf ein Pfund pro Kopf rationiert ist, sagt er: „No problem! We build a line", schnappt sich ein Dutzend Angestellte von AMTREK und läßt sie in einer Reihe vor dem Lebensmittelladen antreten. Jeder holt ein Pfund Zucker, liefert es an Nima ab und stellt sich hinten wieder an. Dieser Ausspruch entwickelte sich dann auch zum geflügelten Wort während der Expedition. Wann immer Schwierigkeiten auftraten, tönte es: „No problem, we..."

Bleiben noch die behördlichen Formalitäten zu erledigen. Wir benötigen eine Fahrerlaubnis für Lastwagen und Kleinbus für die Strecke Kathmandu-Pokhara. Erst mit dieser Fahrgenehmigung können wir am entgegengesetzten Ende der Stadt den begehrten Berechtigungsschein fürs Tanken erwerben.

Schließlich fehlt noch die Erlaubnis zum Betrieb von Funkgeräten. Wir sind froh, hier in Nepal einen Achttausender besteigen zu dürfen, und versuchen daher, uns an die Regeln des gastgebenden Landes zu halten, was nicht immer ganz leicht ist. Vom Touristikministerium müssen wir wegen der Funkgeräte zum Postministerium, von dort zum Transportministerium, wo moniert wird, daß ein

Stempel des Zollministeriums fehlt. Büros und Beamte sind wohl auf der ganzen Welt gleich. Endlich kann ich am Flughafenzoll die Funkgeräte in Empfang nehmen; ein Staatsakt geht zu Ende.

Für den heutigen Tag haben uns die Sherpas gebeten, mit ihnen zum Lama zu gehen, um den Segen der Götter für die Expedition zu erflehen. Der Volksstamm der Sherpas, der seine Wurzeln in Tibet hat, ist traditionell buddhistischen Glaubens. Die Sherpas führen uns über Reisfelder zu dem nahegelegenen buddhistischen Kloster von Bodnath. Durch die weitläufigen Anlagen bringt man uns zu der Zelle eines Lama. Mit verschränkten Armen sitzt er auf seinem Bett, umgeben von einem farbenfrohen Schmuck aus Blumen, Schärpen, Thankas, Fahnen und Gebetstüchern. Ich kann sein Alter kaum schätzen, jugendliche Frische liegt auf einem faltigen Gesicht. Wir überreichen unsere Gastgeschenke, eingehüllt in gazeartigen Stoff, und Ang Dorje trägt unsere Wünsche vor. Der Lama hört sich alles geduldig an, unterbricht mitunter scherzend und läßt sich rote, gelbe und schwarze Schnüre reichen. Gebete murmelnd, knüpft er nun bunte Halsketten mit einem quastenförmigen Anhänger und legt sie jedem Teilnehmer um. Nach einer Meditation teilt er uns mit, daß der kommende Samstag durch die Gunst der Götter als Abreisetag bestimmt sei. Er ermahnt uns, keine Tiere im Angesicht des Berges zu schlachten. Die Verabschiedung ist herzlich und fröhlich; mit den Amuletts um den Hals verlassen wir das Kloster. Die Glücksbringer werden uns bis zurück nach München begleiten.

Nun haben wir ein wenig Zeit, Kathmandu und die umliegenden Königsstädte Patan und Bhaktapur anzusehen. Eines der schönsten Erlebnisse ist der Sonnenaufgang

Die „Alles sehenden Augen Buddhas", 8 km außerhalb von Kathmandu

in Bodnath, wenn in aller Herrgottsfrühe die Gläubigen zur monumentalen Stupa pilgern, ihre Opfergaben darbringen, das Heiligtum umwandern, die Gebetsmühlen drehen, während die buddhistischen Mönche sie mit ihren Gesängen begleiten. Konni, Flo und Werner kommen erstmals mit diesem Kulturkreis in Berührung; für uns andere, die schon mehrfach in Nepal zum Bergsteigen und Trekking unterwegs waren, ist es ein Erlebnis zu sehen, wie alles auf sie wirkt, an ihrer Freude und ihrem Erstaunen teilzuhaben.

Wir haben wieder neuen Mut geschöpft. Heute morgen ging die Nachricht ein, daß unser Gepäck definitiv mit der nächsten Maschine kommt. Sofort nach Erhalt dieser Botschaft fahren wir zum Ministerium, um die offizielle Besteigungserlaubnis in Empfang zu nehmen. Werner begleitet mich, um mir mit seinen Englischkenntnissen bei diesem offiziellen Akt beiseite zu stehen. Feierlich und mit getragenen Worten überreicht mir Mr. Sharma, seines Zeichens Leiter der Mountaineering Section des Touristikministeriums, die Genehmigungsurkunde. Er verliest die wichtigsten Bestimmungen der amtlichen Expeditionsvorschriften und weist uns nachdrücklich auf unsere Pflichten hin.

Schließlich macht er uns mit dem Verbindungsoffizier, Mr. Takal, bekannt, der uns von der königlich-nepalesischen Regierung für die Dauer der Expedition zur Seite gestellt ist.

Samstag, 23. März 1980. Unser Freiluftfrühstück, mittlerweile zur lieben Gewohnheit geworden, fällt heute etwas kürzer aus. Wir sind alle schon mit unseren Gedanken beim Gepäck im Flughafen, und tatsächlich, eine halbe Stunde später sehen wir die Alu- und Pappkisten – vorerst allerdings noch hinter den haushohen Zäunen des Zolls, denn einen Tag werden wir uns noch gedulden müssen: der Zoll arbeitet samstags nicht. In der Gewißheit, daß morgen früh der langersehnte Aufbruch zur Annapurna stattfinden wird, warten wir auf die Morgenmaschine aus Neu-Delhi, mit der Erika, die noch ein Examen ablegen mußte, einfliegen wird. Nun ist die Mannschaft endlich komplett, das Gepäck ist da, sämtliche Ausrüstungsgegenstände und Lebensmittel sind beschafft, die Formalitäten erledigt, das Abenteuer kann beginnen.

Am Abend kommen noch einmal die Sherpas in unser Hotel. Zu unserem Erstaunen haben sie schon alle ihr persönliches Gepäck auf dem Rücken. Wir glauben zuerst an einen Irrtum, aber Nima klärt uns auf: Der Lama hat den Samstag als günstigsten Abreisetag bestimmt. Da wir aber erst morgen, am Sonntag also, aufbrechen, haben sie heute schon ihre Wohnungen mitsamt ihrem Gepäck verlassen und verbringen die Nacht im Freien. Sie haben am vorausbestimmten Tag die Reise angetreten.

Aufbruch zur Annapurna

Am gestrigen Abend sind wir nach einer neunstündigen Fahrt im Schüttelexpreß hier angekommen. Pokhara ist erst seit ungefähr acht Jahren über eine schmale Teerstraße mit Kathmandu verbunden, die mit Hilfe der Volksrepublik China gebaut wurde. Pokhara, einst beherrschende Stadt an den Handelspfaden des Himalaya nach Tibet, ist mittlerweile Umschlagplatz für Trekkingreisende aus aller

Welt geworden. Von hier aus starten auch alle großen Expeditionen zum Dhaulagiri und zur Annapurna.

Heute früh sind schon um 6 Uhr die ersten Träger vor dem Hotel Annapurna erschienen, um sich einen Job für die nächsten vierzehn Tage zu sichern. Die ganze Mannschaft, Sherpas und ‚Sahibs‘, wie wir noch immer von den Einheimischen genannt werden, müssen jetzt zupacken: Trägerlasten zu je 30 kg werden zusammengestellt. Klaus rennt mit einer Liste aufgeregt umher, um die Bündelung der Kisten, getrennt nach Bestimmungsort – Anmarsch, Basislager, Hochlager –, zu überwachen. Wir anderen stellen inzwischen die Ausrüstung für die Sherpas zusammen. (Die Stammesbezeichnung ‚Sherpa‘ wird häufig syn-

Jeder Träger wird von Sirdar Nima Nurbu Lama mit seinem Namen und Heimatort registriert

onym verwendet, da die Sherpas aus dem Solu-Khumbu-Gebiet südlich der Everest-Lhotse-Gipfelkette traditionellerweise die Hochträger bei Expeditionen stellen.) Entsprechend den amtlichen Vorschriften muß jeder Hochträger mit entsprechender Kleidung und Ausrüstung ausgestattet werden. Wir haben zu Hause peinlich genau darauf geachtet, daß die Ausrüstung der Sherpas Stück für Stück identisch ist mit der unsrigen. Nur zu gut wissen wir von anderen Expeditionen, daß Konflikte unausbleiblich sind, wenn man die Sherpas mit zweitklassiger, womöglich gar getragener Kleidung abzuspeisen versucht. Schließlich gehen sie zu demselben Berg, haben mit den gleichen Schwierigkeiten zu kämpfen, müssen demselben Wetter trotzen wie wir. An den Gesichtern unserer nepalesischen Freunde lesen wir ab, daß unsere Bemühungen dankbar aufgenommen werden. Sachverständig prüfen sie Schlafsäcke und Daunenkleidung, Traggestelle und Eispickel, Schneebrillen, Berghosen und -schuhe. Bei den Schuhen ist manch skeptisches Gesicht zu sehen; wir haben neuentwickelte, extrem leichte Plastikbergschuhe mitgebracht, die ihnen unvertraut sind. Ang Dorje, ihr Sirdar, zieht die neuen Bergschuhe an, dreht eine Runde im Hof und gibt sein Okay. Die Skepsis auf den Gesichtern weicht einem breiten Lachen.

Nima leistet heute Akkordarbeit. Jeder Träger wird mit Name und Heimatort registriert, die entsprechende Lastennummer dazu vermerkt. Vielen Trägern zahlt er einen Vorschuß, damit sie sich noch mit Lebensmitteln eindecken können. Plötzlich dringen heftige Wortgefechte aus Nimas Ecke an unsere Ohren. Eine Gruppe von Trägern verlangt doppelte Lasten. Aber das sind ja 60 Kilogramm! Nima erläutert: Doppelte Last bedeutet für die Leute

Fast 180 Männer haben sich als Träger für die 4,5 Tonnen Ausrüstung und Verpflegung beworben

doppelten Lohn. Für uns ist es ganz unvorstellbar, mit 60 Kilogramm auf dem Rücken tagelang zu marschieren. Nima behauptet, daß es hier viele Träger gäbe, die bis zu 100 kg schleppen. Anfangs halten wir das für Trägerlatein, aber im Laufe des Anmarschs können wir uns von der Richtigkeit dieser Aussage überzeugen. Mit der Zeit wird uns auch klar, wie die Leute solch ungeheure Last scheinbar noch leichtfüßig tragen können. Die in Jahrhunderten ausgefeilte Technik des Lastentragens überträgt das Gewicht per Stirnband auf die Wirbelsäule und die Füße. Damit sind die Arme frei zum Halten der Balance und zum Abstützen. Hier, wo es keine Straßen und Wege mehr gibt, nurmehr Trampelpfade, wird das gesamte Versorgungs- und Transportwesen durch Träger aufrechterhalten. Die Berufsträger schleppen Mehl und Reis, Kerosin und Feuerholz, Matratzen und Baumaterial, Felle und Stoffe, kurz alles, was man zum Leben braucht, bis in die entlegensten Winkel des Himalaya. Für eine 30 kg-Last erhalten die Träger am Tag normalerweise 18 Nepalesische Rupies, umgerechnet 3 Mark. Für Trekkingträger schreibt die Regierung einen Tagessatz von 21 Rupies vor, und für Expeditionen ist ein Lohn von 24 Rupies festgesetzt. Führt der Weg in größere Höhen oder wird er schwieriger, dann steigert sich der Lohn bis zum Doppelten des vorgeschriebenen Tagessatzes. Für unsere Verhältnisse nicht gerade viel, aber verglichen mit einem Tagelöhner in Nepal, der auf 8 Rupies, oder einem Handwerker, der auf ungefähr 10–12 Rupies kommt, verdient ein Träger relativ gut. Wie wir erfahren, sind die meisten Träger Kleinbauern, die

Die meisten Träger sind Bauern aus der Umgebung von Pokhara

Die Arbeit bei einer Expedition bietet den Einheimischen eine willkommene Möglichkeit, Bargeld zu verdienen

gewöhnlich vom Tauschhandel leben; zweimal im Jahr verdingen sie sich bei den Frühjahrs- und Herbst-Expeditionen, um Bargeld für Einkäufe auf den Märkten zu bekommen.

Langsam leert sich der Hof hinter dem Hotel Annapurna. Nima, Maila Pemba, Klaus und ich sind zurückgeblieben und sitzen inmitten von 30 Lasten, die weiter auf ihre Träger warten. Nima zieht noch einmal zur Anwerbung los, kehrt eine Stunde später mit 3 Trägern zurück. Mehr konnte er nicht auftreiben. Man sagt uns, daß vor ein paar Tagen die schweizerische Dhaulagiri-Expedition unter Hans von Känel Pokhara mit fast 300 Trägern verlassen hat. Der Trägermarkt ist praktisch leergefegt. Schließlich packen wir unsere restlichen Lasten auf einen Lastwagen

Mit diesen beiden Trägern ist unsere Mannschaft komplett

und fahren damit kreuz und quer durch Pokhara. Maila ruft an jeder Straßenecke aus: „Träger zum Annapurna-Base Camp gesucht! – Es dauert 10 Tage, wir zahlen 24 Rupies!" Etwas Unfaßbares passiert: Da lassen Männer ihre Schaufel, ihren Hammer oder was immer sie gerade in der Hand haben fallen und springen auf den Lastwagen. Nach einer Stunde haben wir tatsächlich weitere 27 Träger angeheuert.

Am Ortsende von Pokhara sehen wir vor uns eine schier endlose Karawane von 180 Trägern und 21 Expeditions-Teilnehmern. 4–5 Tonnen Expeditionsgut ist auf den Beinen. Ganz langsam begreife ich, daß unsere Expedition nun wirklich beginnt, daß wir Wochen und Monate der Vorbereitung, der Organisation, des Trainings nun hinter uns lassen. Wir sind auf dem Weg zur Annapurna!

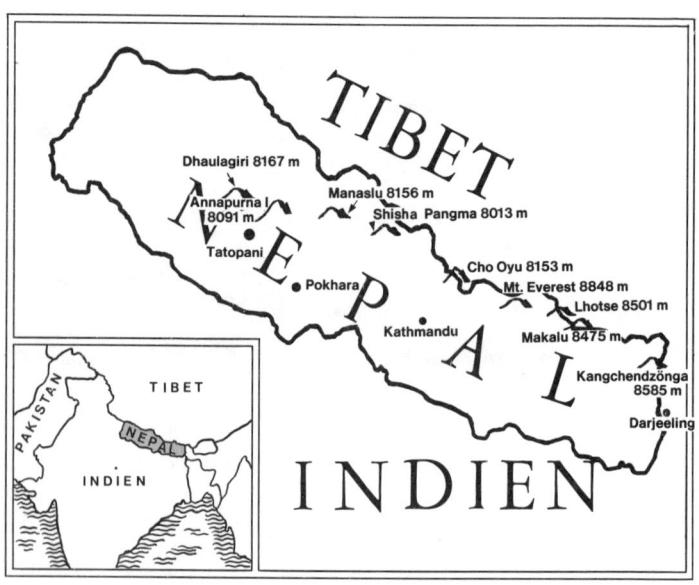

Durch die Täler des Himalaya

„Morning-tea, Sahib", schreit Lakpa, unser Küchenjunge. Der Reißverschluß unseres Zelts wird hochgezogen, und zwei dunkelbraune Hände reichen eine Tasse dampfenden Tee ins Zelt. Ich richte mich im Schlafsack auf, der Blick fällt durch die Zeltluke, mir bleibt schier das Herz stehen: Im fahlen Morgenlicht, zum Greifen nahe, ragt vor mir der Machapuchare schlank in den Himmel, flankiert von den Gipfeln der Annapurna II und IV. Stolz und abweisend wirkt dieser Berg und doch so anmutig, so anziehend. Wie oft habe ich in den letzten Monaten von diesem Anblick geträumt. Um mich herum pulsiert bereits das Leben; die Träger sind schon auf den Beinen, um 7 Uhr hat der letzte seine Last aufgenommen und sich auf den Weg gemacht. Inzwischen schlürfen wir noch unseren heißen Tee und essen frisch ausgebackene Tschabati, Fladen, die aus einem Maismehlteig zubereitet sind. Wir besprechen die heutige Route. Weit sind wir am gestrigen Tag nicht gekommen, schon gegen Mittag hatten wir hier in Hyengja, in unmittelbarer Nähe eines tibetanischen Flüchtlingslagers, unsere Zelte aufgeschlagen. Auf die Wahl der Lagerplätze und die Länge der Tagesstrecken haben wir keinen Einfluß, die Träger bestimmen Tempo und Rastplatz. Aber schon der erste Lagerplatz liegt traumhaft schön: 100 m über dem Lauf des Seti-Khola, umrahmt von mächtigen Bäumen, gegenüber die Bergriesen des Annapurna-Himal.

Durch ausgedehnte, zu dieser Jahreszeit noch ausgetrocknete Reisfelder wandern wir zwei Stunden nördlich bis nach Suiketh, wo wir das Tal verlassen und durch dichten Laubwald bis zu einer eingefaßten Quelle aufsteigen. Eine Rauchfahne kündet von weitem an, daß Chakraman und seine Küchenmannschaft den Platz schon erreicht haben und das Mittagessen zubereiten. Ein wenig kurz, die Halbetappe, meinen wir. Aber unsere Rucksäcke wiegen auch nicht so schwer wie die Lasten der Träger. Nach und nach gewöhnen wir uns an den Rhythmus der Träger, sind innerlich bereit, uns dem Tempo der Karawane anzupassen. Wir genießen den Weg vorbei an Reisterrassen, an Weilern und strohbedeckten Häusern mit kunstvoll geschnitzten Holzfenstern, machen unterwegs halt an einem der jahrhundertealten Rastplätze, einem hüfthohen Steinaufbau, auf dem die Träger bequem ihre Lasten absetzen und eine kleine Verschnaufpause im Schatten einer mächtigen Baumkrone machen können. Früh am Nachmittag erreichen wir den nächsten Lagerplatz in Khare (1646 m). 700 m über dem letzten Schlafplatz schlagen wir heute unsere Zelte auf. Die Träger lassen vorsichtig ihre Lasten zu Boden. Karl und Nima kontrollieren, ob auch tatsächlich alles ankommt. Dann nehmen die Träger ihr kleines Päckchen mit dem persönlichen Hab und Gut und schlüpfen irgendwo im Dorf bei Freunden unter. Für uns gibt es jetzt eine Brotzeit, und anschließend geht jeder seiner Beschäftigung nach. Werner und Erika halten ihre tägliche Sprechstunde für Einheimische und Träger unter freiem Himmel ab und sind bald umringt von Kranken und Schaulustigen.

Die ärztliche Versorgung in Nepal ist geradezu katastrophal; auf 11 Millionen Einwohner kommen ungefähr 600 nepalesische Ärzte, von denen allerdings der Großteil in Kathmandu praktiziert. So verwundert es nicht, daß die

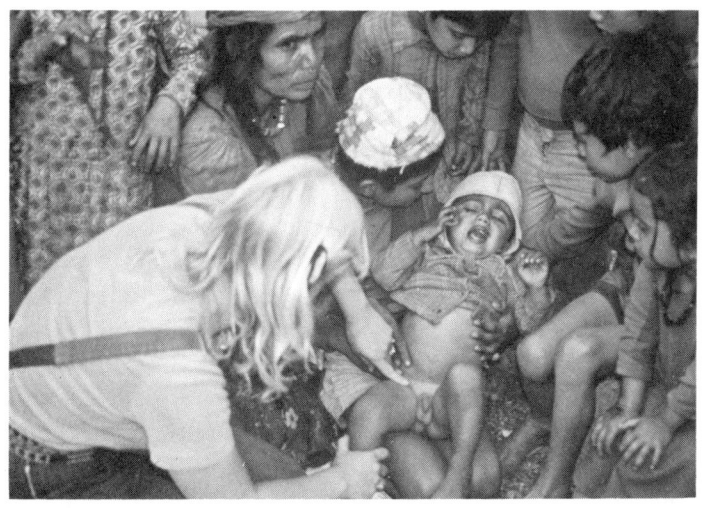

Erika und Werner halten ihre täglichen Sprechstunden für Einheimische und Träger unter freiem Himmel ab

Bewohner der Himalayatäler die Gelegenheit zu ärztlicher Versorgung bei den Expeditionen wahrnehmen, und mittlerweile hat es sich offensichtlich schon herumgesprochen, daß bei den großen Expeditionen fast immer ein Arzt dabei ist. Konni, ehemals Sanitäter bei der Bundeswehr, hilft den beiden.

Karl stochert in unserem Gepäckhaufen auf der Suche nach Plastikfolien. Wolfgang macht Inventur in seiner Filmkiste, und Klaus sitzt unter einem Rhododendronbaum und hält die Abendstimmung mit Pinsel und Wasserfarbe fest. Nima stellt die Lohnlisten für die Träger zusammen und Chakraman und seine Helfer Lakpa, Moiem und Manbahadur bereiten das Abendessen. So geht es bis zur Abenddämmerung, und dann sitzen wir alle um das Lagerfeuer bei nepalesischer Küche: gebackenes Schweinefleisch, Reis und gedünsteter Kohl.

Ich bin froh über diese Mannschaft: Alle packen zu, jeder findet seine Aufgabe, einer hilft dem anderen. Keine Anweisungen oder Arbeitsverteilungen sind notwendig – unangenehme Pflichten, die so für mich entfallen. Auch ich fühle mich wieder richtig wohl in meiner Haut, kann mich seit langer Zeit wieder einmal um mich selbst kümmern. Die Ruhe tut gut, heilt ein wenig die Wunden, die die Hektik der vergangenen Woche zurückgelassen hat. Wie mag es Susi jetzt gehen? Ich schreibe ihr an diesem Abend noch einen langen Brief.

Die Tagesabläufe werden nun immer uniformer: 6 Uhr Aufstehen, Rucksack schnüren, Zelt abbauen. Erstes Treffen beim Frühstück, das zwangsweise recht knapp ausfällt: Die Küchenmannschaft will sich auf den Weg machen, zieht uns die Teller unter der Nase weg. Dann drei Stunden Marsch bis zur Mittagsrast, ein kleiner Imbiß, manchmal ein kleines Nickerchen in der warmen Vormonsun-Sonne. Noch 2 oder 3 Stunden weiter, und wir haben den nächsten Lagerplatz erreicht. Ein paar Erledigungen noch am späten Nachmittag, selten einmal ist ein Teehaus in der Nähe. Abendessen, rein in den Schlafsack, um am nächsten Morgen wieder fit zu sein. Dennoch bringt jeder Tag neue Überraschungen: Heute kampieren wir einen Steinwurf weg von Ulleri. Auf einer ausgetrockneten Reisterrasse stehen die Zelte, rechter Hand, etwa 50 m tiefer, schlängelt sich ein Bach, weitet sich zu Gumpen und schießt anschließend über schmale Schnellen abwärts. Linker Hand fließt ein kleines Rinnsal gemütlich vor sich hin. Gleich gegenüber schmiegt sich ein Dorf mit 10 oder 12 strohgedeckten Katen an den Hang. Maultierkarawanen ziehen selbst noch am späten Abend auf steilen Pfaden an unserem

Strohgedeckte Häuser in der Nähe von Pokhara

Während unseres Anmarsches begegnen wir vielen heiligen Männern

Lager vorbei. Wir nehmen ein erfrischendes Bad in den kühlen Fluten; die erste Wäsche flattert zwischen den leuchtfarbenen Zelten.

Am heutigen Morgen liegt der Aufstieg zum Ghorepani-Paß vor uns. 1400 Höhenmeter sind zu bewältigen, ein anstrengender Tag steht uns allen, Trägern wie Teilnehmern, bevor. Der Weg ist mit großen Felsplatten abgeschottet, mitunter sind Stufen in den nackten Fels geschlagen. Aus den fruchtbaren Niederungen aufsteigend, gelangen wir in die blühenden Rhododendronwälder. Wir ziehen durch ein Meer von blutroten, schneeweißen und lachsfarbenen Blüten. Scharen von festlich gekleideten Pilgern kommen uns entgegen, die von Muktinath im Norden der Annapurna zurückkehren. Schließlich auf der Paßhöhe von Ghorepani, 2800 m hoch, ein Traum von

In der Ferne ragt der Dhaulagiri (8167 m) empor

einem Lagerplatz: eine saftig-grüne Wiese in einer Lichtung, eingefaßt von blühenden Rhododendronbäumen. Zum ersten Mal haben wir hier einen freien Blick auf den Dhaulagiri, den Zwillingsberg der Annapurna, und das tiefste Tal der Erde: fast 7000 m von der Talsohle bis zum Gipfel der Giganten.

Konni und Werner hält es nicht mehr: Noch am gleichen Abend steigen die beiden auf den nahen Poon Hill. Begeistert erzählen sie beim Abendessen von dem Panorama, das sich ihnen bot, und spontan entschließen wir uns, am nächsten Morgen vor Abmarsch noch einmal gemeinsam aufzusteigen und den Sonnenaufgang zu beobachten. Der Blick schweift vom Dhaulagiri hinüber zum Nilgiri-Massiv, und das muß die Annapurna-Hauptkette sein. Ein wenig versteckt liegt sie hinter diesen Sechs- und Siebentausendern. Der Zapfen dort: Ist es der Fang? Breitschultrig steht die Annapurna South vor ,unserem' Berg, Schulter an Schulter mit dem Hiunchuli; dahinter eröffnet sich das riesige Sanctuary, ein Becken, umfaßt von der Südseite der Annapurna-Kette und dem Machapuchare.

Vom Sanctuary aus startete 1970 Chris Boningtons legendäre Expedition mit einer der extremsten Himalaya-Klettereien über die Annapurna-Südwand. Von gleicher Stelle aus bezwang 1965 eine deutsche Expedition erstmals den Gangapurna (7455 m); sie erreichte als zweite den 7195 m hohen Glacier Dôme, der seinen Namen ebenso wie der Roc Noir von den französischen Erstbesteigern des Jahres 1950 erhielt. Durch schlechtes Wetter war den Deutschen jedoch der Annapurna-Gipfel verwehrt geblieben. Vier Jahre später dann wieder eine deutsche Expedition mit Ludwig Greissl, die noch näher an den Gipfel herankam und den 7483 m hohen Roc Noir erstmals bestieg, aber dann vor Sturm und Wind kapitulieren mußte. Schließlich fällt unser Blick weiter nach Osten, und wir glauben, das Profil des Manaslu ausmachen zu können. Vergeblich suchen wir den 8013 m hohen Shisha Pangma, an dem unsere Freunde, mit denen wir gemeinsam die Annapurna bezwingen wollten, zur gleichen Zeit unterwegs sind.

Ein letzter Blick gilt noch der Route der nächsten Tage, die wir wie auf einer Panorama-Karte vor Augen haben.

1800 m Abstieg vom Ghorepani-Paß bis hinunter ins Tal des Kali-Gandaki liegen vor uns. Schier endlos windet sich der Weg hinab in die Tiefe. Drückende Schwüle und subtropische Temperaturen empfangen uns in unserem heutigen Etappenziel Tatopani, zu deutsch ‚heiße Wasser‘. Tatopani besitzt eine heiße Schwefelquelle – und die letzte Bierquelle, bevor wir die Zivilisation verlassen.

Unterwegs treffen wir zwei deutsche Einzelwanderer oder Individualtouristen, wie sie sich selbst nennen. Sie fragen uns, ob wir den ganzen Zirkus hier inszenieren würden. Sie beschimpfen uns als Ausbeuter, Menschenschinder, Halbverrückte und Naturschänder. Unsere Einwände, daß man einen Achttausender nicht mit der Umhängetasche und einem Henkelmann besteigen kann, wischen sie beiseite. Sie glauben sich ins Zeitalter der Galeerensklaven zurückversetzt. Wozu es denn Hubschrauber gäbe? Wir erläutern ihnen, daß ein Hubschraubertransport etwa gleich teuer wäre, wir aber nicht das Geld den wenigen überlassen wollen, die ohnehin schon zu den Privilegierten dieses Landes zählen. Aber auch mit diesem Argument finden wir keine Gnade. Der Streit spitzt sich zu, denn irgendwie haben sie einen wunden

Punkt bei uns getroffen. Natürlich können wir sie mit unseren Rationalisierungsversuchen nicht überzeugen; es bleibt ein schaler Nachgeschmack. Ehrlich gestanden: Wir sind mit diesem Problem eigentlich nie ganz fertig geworden.

Am nächsten Morgen ziehen wir von Tatopani aus entlang dem Kali-Gandaki nach Norden. Der Weg, der mitunter in die Steilufer eingehauen ist, begleitet den

Kurz oberhalb von Lethe öffnet sich das bisher enge Tal des Kali-Gandaki-Flusses

Ein letztes Mal kehren wir in ein Teehaus ein und beschließen damit den angenehmen Teil unseres Anmarsches

reißenden Fluß. In Ghasa schlagen wir unser nächstes Lager auf. Zum ersten Mal Regen in der Nacht, Feuchtigkeit und Kälte steigen in die Zelte auf. Aber das drückt jetzt die Stimmung nicht; mit riesigen Plastikplanen schützen wir das Gepäck vor dem Durchweichen. Ein Wolkenkranz liegt um die Nilgiri-Kette, deren Ausläufer wir in den nächsten Tagen überschreiten müssen. Die Schneegrenze ist durch die Schlechtwetterperiode wieder nach unten gedrückt worden. Kurz vor Lethe überqueren wir den Kali-Gandaki auf einer Hängebrücke. Ein letztes Mal kehren wir in ein Teehaus ein. Zigaretten werden gekauft, und dann verlassen wir den alten Salzpfad, der noch tiefer in den Himalaya nach Jomoson und Muktinath bis nach Tibet führt: In den nächsten 6 Wochen sehen wir keine

Über den Bergrücken in der Mitte des Nilgiri-Gipfels (1) führt der Thulo-Bugin-Paß hinüber in die Schluchten des Miristi-Khola

Häuser, keine Felder, keine Touristen mehr. Der angenehme Teil unseres Anmarsches ist damit beendet, nun wird es schwierig.

Thulo-Bugin und Miristi-Khola

Nima führt Verhandlungen mit den Trägern; viele von ihnen wollen umkehren, weil ihnen das Gelände allmählich zu schwierig wird. Mit Überredungskünsten und Lohnzulagen schafft es Nima ein letztes Mal, alle Träger bei der Stange zu halten. Volle acht Tage sind wir nun seit Pokhara unterwegs. Erstmals ist damit unser obligatorischer Wochenbericht ans Ministerium fällig. Girmi, der Postläufer, macht sich fertig, um mit dieser Botschaft und unseren Briefen den langen Weg nach Kathmandu anzutreten. Wir anderen sind in Gebirgs-Aufbruchstimmung: Turnschuhe werden gegen die festen Bergschuhe, kurze gegen lange Unterhosen ausgetauscht, warme Mützen und Handschuhe hervorgekramt. Konni, Flo und Ang Dorje sind schon in aller Herrgottsfrühe aufgebrochen, um den Weg zum über 4000 m hohen Thulo-Bugin-Paß zu erkunden. Wir fürchten den tiefen Schnee, der für unsere Träger Gift ist. Kurz vor dem Abmarsch kommt Mr. Takal, unser Verbindungsoffizier, zu Werner und klagt über diverse Leiden. Werner weiß nicht recht, was ihm fehlt und schickt ihn zu mir. Nach und nach rückt er mit der Sprache heraus: Er will noch ein paar Tage hier unten bleiben, um dann mit Girmi aufzusteigen. Erst später erfahren wir, daß der Verbindungsoffizier noch nie im Gebirge war und Angst vor den Bergen hat. Ein einsames Zelt bleibt an diesem Morgen auf unserem Lagerplatz stehen.

Über eine weitausladende Terrasse und steile Grashänge zieht unsere Karawane in eine tiefe Schlucht. Der Aufstieg führt uns durch unberührten Urwald. Wir bewundern unsere Träger, wie scheinbar leichtfüßig, ja elegant sie sich in diesem schlüpfrigen Gelände bewegen. Zu jeder vollen Stunde nehme ich Funkkontakt mit dem Vorauskommando auf. Anfänglich schnell vorangekommen, machen ihnen nun auf 4000 m Höhe knietiefer Schnee und eisiger Untergrund zu schaffen. Am frühen Nachmittag öffnet sich das Dickicht, wir treten in eine kleine Lichtung mit einer stufenförmig abgesetzten Ebene, die gerade unsere Zelte zu fassen vermag. Wir taufen den Platz liebevoll „Dschungellager".

Aber die Idylle währt nicht lange. Der Großteil unserer Träger will nun nicht mehr weiter. Nimas Beredsamkeit zieht nicht mehr, er muß auszahlen. Am Abend rücken wir ein wenig enger zusammen und beratschlagen unsere weitere Strategie. Die Kundschafter haben auch nicht gerade verheißungsvolle Nachrichten mitgebracht: Der Aufstieg zum Paß ist gefährlicher als gedacht; eine dünne Schneedecke auf vereistem Grund, ein Teil des Weges muß mit Seilen versichert werden; einmal auf den steilen Hängen ins Rutschen geraten, gibt es kein Halten mehr. Außerdem werden wir mit den verbliebenen 60 Trägern wohl oder übel einen Pendelverkehr für die Lasten einrichten müssen. Zwar sind wir bis auf drei Tagesmärsche ans vorgesehene Basislager herangerückt, aber wir werden für jede Etappe doppelte Zeit benötigen. Zum letzten Mal beginnt ein großes Umpacken. Was brauchen wir zum Versichern? Welche Kisten werden zuerst im Hauptlager benötigt? Seilmaterial, Felshaken, Hammer, Reepschnüre und Eispickel werden hervorgekramt, Kleidungsstücke, Schuhe, Wollsocken und Handschuhe, die wir in Kathmandu eingekauft haben, werden unter den verbliebenen

Das Gelände zwischen Choya und dem Thulo-Bugin-Paß wird immer schwieriger. Unsere Träger weigern sich weiterzugehen

Getreuen verteilt. Für Moile, unseren stärksten Träger, ist heute ein besonderer Tag: Er hatte gestern Konni und Flo mit geradezu traumwandlerischer Sicherheit hinauf zum Paß geführt, obgleich er den Weg zuletzt vor Jahren mit einer anderen Expedition gegangen war. Wir wollen ihn gerne als Hochträger für die gesamte Dauer der Expedition behalten. Wohl wissend, wie leicht sich die Sherpas gerade in diesen Fragen übergangen fühlen, fragen wir sie erst einmal nach ihrer Meinung. Sie stimmen ohne große Umschweife zu. Später erzählen sie uns, daß Moile zusammen mit Nima Nurbu, Maila Pemba und Ang Sangee schon einmal als Hochträger bei der japanischen Dhaulagiri-Expedition des Jahres 1976 dabei war, obgleich derartige Aufgaben eigentlich die traditionelle Domäne der Sherpas ist. Moile gehört zum Stamm der Mangar, die um Pokhara herum wohnen. Aus einem Seesack mit Reservegarnituren wird rasch eine komplette Bergausrüstung zusammengestellt. Über einen Träger-Kollegen läßt Moile seiner Frau ausrichten, daß er nun doch nicht nur zwei Wochen, sondern zwei Monate unterwegs sein wird. Wir stehen leicht fassungslos da vor so viel Unkompliziertheit.

Am nächsten Morgen steigen Wolfgang und Konni schon im Morgengrauen auf; schwerbeladen mit Seilen und Haken bilden sie die Vorhut, die den Weg zum Paß für die Träger versichern soll. Eine Stunde später folgen Karl, Moile und ich. Unsere Aufgabe ist es, den Thulo-Bugin-Paß zu überschreiten und die nächste Etappe zu erkunden. Steile Grashänge unter einem Schneemantel erinnern uns unwillkürlich an die Höfats in den Allgäuer Alpen. Wolfgang und Konni haben fast 600 m Seil verspannt, während wir stundenlang Stufen in den knochenharten Schnee und den gefrorenen Boden pickeln. Gerade ist das letzte Seil befestigt, als auch schon die ersten Träger auftauchen. Mit unerhörtem Tempo bewegen sie sich an den Fixseilen entlang. Den Blick starr auf die Tretspur gerichtet, wollen sie die ausgesetzten Passagen möglichst schnell hinter sich lassen. Ein paar hundert Meter weiter, am Scheitel des Thulo-Bugin, erwartet uns ein überwältigender Anblick: Die Annapurna liegt in ihrer ganzen Größe vor uns. Was wir vorher nur erahnen konnten, baut sich nun in atemberaubender Größe vor uns auf: der spitzwinkelig ausgezogene Hauptgipfel, von dem ein messerscharfer Grat hinunter zum Fang zieht, dem höchsten noch unbestiegenen Gipfel des Himalaya. Wir haben von Mrs. Hawley in Kathmandu erfahren, daß zu gleicher Zeit eine Osttiroler Expedition mit Sepp Mayerl sich ein zweites Mal am Fang versucht. Im letzten Jahr noch durch einen tödlichen

Links der 8091 m hohe Hauptgipfel der Annapurna I

Absturz zum Umkehren gezwungen, werden sie in diesem Jahr einen der letzten extrem schwierigen Gipfel des Himalaya in einer bewundernswerten Leistung bezwingen.

Noch etwas verträumt stehen wir auf der Paßhöhe, als die ersten Lasten abgestellt werden. Wir werden hier in luftiger Höhe ein Materialdepot einrichten, einen Umschlagplatz für unseren Pendelverkehr. Wir haben mittlerweile die Löhne für die Träger verdoppelt und eine Prämie für das Erreichen des Basislagers ausgesetzt. Karl, Moile und ich warten, bis auch der letzte Träger seine Last abgesetzt hat. Heute haben alle, einschließlich Sherpas und Sahibs, schwere Lasten heraufgeschleppt; wir bekommen ein Gefühl dafür, was die Träger tagaus, tagein leisten.

Während die anderen ins Dschungellager zurücksteigen, schultern wir unsere prallgefüllten Rucksäcke und spuren weiter durch den tiefen Schnee. Wo ist der nächste geeignete Platz? „Downside – inside", erklärt Moile, und sein langgestreckter Arm läßt vermuten, daß der Platz etwas weiter unten seitlich zu suchen ist. Unsere Verständigung klappt irgendwie, obwohl Moile, anders als die Sherpas, nur wenige Brocken Englisch spricht. Drei Stunden später stoßen wir auf einen kleinen Bergrücken, ein Steinwurf weiter ist ein Bach: ein idealer Lagerplatz. Aber ich habe keinen Sinn für die Idylle, mich plagen Kopfschmerzen, Pflastersteine rumpeln in meinem Kopf. Karl schickt mich in den Schlafsack, bringt einen Schluck heißen Tee und kümmert sich ums Essen. Die behutsame Pflege tut jetzt gut; dennoch verbringe ich eine unruhige Nacht.

Um fünf Uhr in der Früh werkelt Karl schon wieder herum; nimmermüde kocht er Tee, rührt ein Müsli an.

Angesichts der Eiseskälte hier auf 4200 m frühstücken wir im Schlafsack, die Annapurna fest im Visier. Sie hat heute ihr festliches Morgengewand angelegt, über ihr ist ein blitzblanker Himmel. Der Weg zurück zum Depot durch glitzernde Schneefelder ist ein Spaziergang mit leerem Rucksack. Gegen 10 Uhr kommt Werner mit den ersten Trägern durch den Schnee gestapft. Heute packen wieder alle mit an und schleppen Lasten vom Depot weiter zum neuen Lagerplatz. Wir sind gerade angekommen, als ein Ungewitter lostobt; ein wahrer Schneesturm setzt ein, durchsetzt von Hagelkörnern. Wir durchsuchen noch einmal unsere Ausrüstung und das persönliche Hab und Gut nach Kleidungsstücken, die uns entbehrlich erscheinen, und geben sie an die Träger weiter. Schnell bauen wir einige zusätzliche Zelte auf, um ihnen einen trockenen Schlaf zu ermöglichen. Ungeachtet dessen drängen sie sich zu zwölft in 4-Personenzelten zusammen nach der Devise:

Unser Lagerplatz zwischen Thulo-Bugin und Miristi-Khola

Wir werden von einem heftigen Schneesturm überrascht

je enger, desto wärmer. Die anderen Zelte bleiben unge-
nutzt stehen.

Am nächsten Morgen ist wieder strahlender Sonnenschein, und gleich wird auch der Schneeteppich dünner.
Ein Phänomen, das wir über Wochen hinweg erleben
werden: in der Frühe Sonnenschein, gegen Mittag aufstei-
gende Wolken, am Nachmittag Schneefall, oftmals Sturm,
der bis tief in die Nacht andauert. Heute nachmittag
allerdings setzt ein Sturm ein, wie er bisher noch nicht da
war. Die Sherpas gehen zurück, den Trägern entgegen, um
jeden sicher ins Lager zu bringen. Es wäre nicht das erste
Mal, daß Träger auf einer solchen Tour erfrieren. Erst
später erfahren wir, daß die französische Annapurna- und
die italienische Fang-Expedition im letzten Jahr die Thulo-
Bugin-Höhen aus Trägermangel nicht überschreiten

konnten, sie ließen das Gepäck mit Hubschraubern einfliegen.

Heute nacht wälze ich mich unruhig im Schlafsack hin
und her. Die Ungewißheit über den weiteren Anmarsch
wühlt mich auf. Wie lange dauert es noch, bis wir endlich
im Hauptlager sind? Keiner von uns hat sich den Anmarsch so schwierig und gefährlich vorgestellt. Trotz
sorgfältiger Recherchen hatten wir nur spärliche Informationen über den Übergang des 27. April, wie die französischen Erstbesteiger den Thulo-Bugin genannt hatten, sammeln können. Herzog und seine Kameraden waren mindestens einen Monat später hier und traversierten ohne Eis
und Schnee. Und wir? Steile Grashänge, Plattenschüsse
und ein zweiter Paß liegen noch vor uns. Immer wieder
haben wir Probleme mit den Trägern, die lieber heute als
morgen umkehren würden. Uns machen allmählich die
riesigen Abbrüche unter dem schmalen Pfad, den wir uns
treten, nervös. Werden das die Träger morgen schaffen?

Erst am Mittag erreichen wir die zweite Paßhöhe
(4300 m), fast so hoch wie die höchsten Berge der Alpen.
Nun liegen 1000 Meter Abstieg ins Tal des Miristi-Khola,
der den Annapurna-Nordgletscher entwässert, vor uns.
Glücklicherweise brauchen wir hier auf der südwärtigen
Seite nur noch vereinzelt gegen den Schnee anzukämpfen,
aber das kniehohe Gras ist schlüpfrig, der Boden weich. Es
dämmert schon, als wir dicht am Fluß unsere Zelte auf-
schlagen. Über uns wacht in dieser Nacht der Fang.

Ostersonntag, 6. April: Ist das ein königliches Frühstück! Handbemalte Ostereier, geräucherter Schinken,
schwarzer Kaffee. Erika heißt der Osterhase. Heute morgen sind wir zum ersten Mal seit Tagen wieder vollständig
versammelt. Gestern abend noch sind Klaus, Flo und Ang

Beim Ostersonntagsfrühstück (v. l.) Schrag, Brög, Müller-Esterl

Dorje wieder zu uns gestoßen. Sie waren am Vortag
nochmals bis zum Dschungellager abgestiegen und hatten
die Seilversicherungen abgebaut. Das Seilmaterial ist
knapp und wird am Berg noch dringend benötigt. Die
Frühstücksrunde ist in Feiertagsstimmung und beschließt
spontan, heute einen Ruhetag einzulegen. Wir erledigen
unsere österlichen Waschungen, ölen uns, richten ein vom
nächtlichen Sturm zerfetztes Zelt her und schreiben Grüße
in die Heimat. Nur Karl zieht mit zwei Trägern los, den
Weg ins Hauptlager auszukundschaften. Begeistert erzählt
er am Abend vom ersten Blick auf die Annapurna-Nordflanke. Am nächsten Tag brechen wir dann mit einem
kleinen Voraustrupp von 25 Trägern auf. Die übrigen
Träger gehen noch einmal zum letzten Lagerplatz zurück

Österliche Waschung im Miristi-Khola

und transportieren die verbliebenen Lasten ins Miristi-Khola-Tal.

Klaus und ich bilden heute die Nachhut. Nur langsam steigt das Tal an, um so steiler aber sind die Talwände: zur Linken der Doppelgipfel des Nilgiri, zur Rechten das Zentralmassiv des Annapurna-Himal, und im Norden der gewaltige Tilicho Peak (7132 m), der von riesigen Felsstreben und Pfeilern gestützt wird. Schließlich aber öffnet sich das enge Tal und gibt den Blick frei auf die Grand Barriere und dann weiter auf den ungeheuren Annapurna-Gletscher: ein tödliches Inferno aus Eistürmen und Gletscherspalten, Seracs und Schneefeldern. Von Zeit zu Zeit stürzt ächzend und krachend ein Eisturm in sich zusammen und

Auf einer Seitenmoräne des Annapurna-Gletschers errichten wir unser Hauptlager

donnert zu Tal. Am nördlichen Rand des Gletschers, auf einer Seitenmoräne, finden wir schließlich einen ebenen Platz, der wie geschaffen ist für ein Basislager. Zwei Bäche, die am Tilicho Peak entspringen und wohl zur Zeit der Schneeschmelze beträchtlich anschwellen, haben rechts und links des Platzes tiefe Gräben in das Geröll gefressen, und wie eine Trutzburg schiebt sich unser Lagerplatz mit steil abfallenden Wänden in die Flußläufe vor. Einige aufgetürmte Steine zeugen noch von früheren Expeditionen, ein paar Graspolster im tristen Grau des Steinschutts, ein paar Büschel von winzigem Edelweiß machen den Platz ein bißchen lebendig. Endlich an der Annapurna!

Am Berg

Lange noch diskutieren wir an diesem Abend unser weiteres Vorgehen. Schon zu Hause waren wir uns einig, den Berg in Zweiergruppen anzugehen, die wechselnd die Führungsarbeit übernehmen sollten. Karl und Klaus, Wolfgang und Flo sowie Konni und ich werden je ein Team bilden. Erika soll sich je nach Verfassung der einen oder anderen Mannschaft anschließen. Während des Anmarschs lief es recht gut bei ihr, aber noch wissen wir nicht, wie sich die kürzlich überstandene Gelbsucht in großer Höhe auswirkt.

Werner wird seine medizinischen und wissenschaftlichen Aufgaben im Basislager durchführen und mit Nima zusammen den Nachschub organisieren. Die endgültige Route ist heute noch nicht Gegenstand der Debatte. Grundsätzlich stehen die „klassische Franzosenroute" sowie die holländische Variante über den Sporn zur Auswahl, und beide Routen laufen oberhalb von 7000 m zusammen bis zum Gipfel. Wir wissen von der holländischen Expedition des Jahres 1977, daß sie nach Versuchen, über den Franzosenweg aufzusteigen, aus Sicherheitsgründen die nach ihnen benannte Route über den „Dutch-Rib", den Holländer-Sporn, wählten. Konni und ich werden morgen zu einer ersten Erkundung des Gletscherplateaus – auf Höhe des späteren Lagers I – aufsteigen.

Die Erwartung weckt uns schon früh. Ein schnelles Frühstück, und dann machen wir uns auf den Weg nach oben. Der ausgedehnte Gletscherbruch, der sich von der Taille der Annapurna bis herunter zu unserem Basislager zieht, schaut nicht gerade einladend aus. Ständig fallen mächtige Eistürme wie Ruinen in sich zusammen, donnern Eislawinen herunter. Irgendwo am Rande des Bruches müssen wir, über die verschneiten Felsen, einen Pfad finden. Über den Rücken der Seitenmoräne kommen wir erst schnell voran, bis der Weg in einer mächtigen Plattenzone endet. Unmöglich, hier voranzukommen. Also ziehen wir uns wieder ein Stück zurück, bis wir auf eine Schuttrinne stoßen, die direkt in den Gletscher führt. Wir stolpern und rutschen über den mit losem Geröll bedeckten Gletscher auf den nördlichen Rand des Eisfalls zu. Zwischendurch suchen wir den Fels nach einer geeigneten Aufstiegsroute ab. Alles sieht so abweisend aus. Da, vielleicht geht es zwischen Eisbruch und Fels! Aber aus der Nähe besehen, zerplatzt diese Wunschlösung wie eine Seifenblase. Also zurück in den Fels.

Wir steigen in eine Schneerinne ein. Anfänglich gewinnen wir rasch an Höhe. Im oberen Teil der Rinne bietet sich glücklicherweise eine Querpassage förmlich an:

schneebedeckte Felsbänder steigen hier sanft auf. Wir folgen dem natürlichen Weg und kommen zügig vorwärts. Das Gelände legt sich wieder zurück, lange Schneefelder im Wechsel mit Felsplatten und Geröll. Zweimal haben wir bereits einen kleinen Steinmann früherer Expeditionen entdeckt, und ein verrosteter Haken in der Wand zeugt davon, daß auch unsere Vorgänger diesen Weg wählten. Gerade ein halbes Jahr ist es her, daß eine Expedition aus den Vereinigten Staaten an der Annapurna unter tragischen Umständen scheiterte; ein Eissturz am Holländer-Sporn riß ihr Lager mit. Gil Harder, Maynard Cowick und Eric Roberts kamen dabei um. Ähnlich wie den Nanga Parbat für die Deutschen, kann man die Annapurna als Schicksalsberg der Amerikaner bezeichnen, denn zwei Jahre zuvor hatte der Berg bereits seinen grausamen Tribut von einer amerikanischen Frauenexpedition gefordert: Vera Watson und Allison Chadwick verloren oberhalb ihres vierten Hochlagers ihr Leben.

Diese Gedanken gehen mir durch den Kopf, als sich mir der Blick in die berühmte Nordflanke der Annapurna öffnet, der uns beim Anmarsch versperrt war. Im gleichen Augenblick brodelt und tost es hoch über uns: Eine Lawine donnert die Nordseite der Annapurna herunter. Wir bleiben fasziniert vor diesem Naturschauspiel stehen.

Nur wenig später erreichen wir die Bruchkante, an der der gigantische Eisbruch in ein weites Gletscherfeld übergeht. Von hier aus können wir den gesamten Aufstieg überblicken. Wir sitzen auf unseren Rucksäcken und staunen. Die Wirklichkeit übertrifft das, was wir bisher nur auf Fotografien gesehen haben, um ein Vielfaches. Wir hocken stumm da, erforschen mit unseren Blicken die Aufstiegsroute bis zum Gipfel. Unsanft werden wir aus

Die Gebetsfahnen der Sherpas flattern im Wind

unseren Träumen gerissen, als sich die nächste Lawine aus der Sichel löst und mit dumpfem Grollen ihren Weg nach unten sucht.

„Konni – auf dem Franzosenweg gehe ich nicht rauf. Das ist ja glatter Selbstmord, bei den Lawinen!"

Konni nickt nur. Nordöstlich der Franzosenführung bietet sich der Holländer-Sporn an. „Der Sporn würde sicherer sein. Da dürfte keine Lawine herunterkommen. Das ist zwar viel schwieriger als die Franzosenroute, aber dafür alpinistisch interessanter."

Jetzt hat Konni mein stillschweigendes Einverständnis. Mal sehen, was die anderen dazu meinen.

Beim Abstieg suchen wir einen geeigneten Platz für Lager I, befestigen einige Fixseile an den ausgesetzten Passagen und türmen ein paar Steinmänner zur Markierung unserer Route auf. Gegen nachmittag sind wir wieder im Hauptlager.

Hier hat sich in der Zwischenzeit einiges getan: Nahezu alle Lasten sind heute eingetroffen. Nima sitzt vor seinem Zelt und zahlt die Träger aus. Sie haben in den vierzehn Tagen des Anmarsches Hervorragendes geleistet. Die Sherpas haben ihre Seesäcke ausgeleert, sie probieren ihre Bergausrüstung, montieren die Steigeisen. Voller Stolz präsentiert uns Klaus ein Meisterstück seiner Berg-Architektur: Er hat ein perfektes Klosett aus Felsbrocken und Steinplatten am Bachbett gebaut. Toilette mit Wasserspülung im Anblick des Nilgiri – welch erhebendes Gefühl!

Dieser Gedenkstein erinnert an die Opfer des Berges

Voller Spannung wurden wir schon erwartet, und am Abend geht's dann im Mannschaftszelt hoch her. Konni faßt kurz unsere Eindrücke von der heutigen Erkundung zusammen und macht abschließend unseren Vorschlag, den Holländer-Sporn zu begehen. Die Geschichte von der Lawinenserie trifft auf ungläubige Ohren. Flo meint: „Wenn wir über den Holländer-Sporn aufsteigen, können wir uns ja die Skiabfahrt gleich aus dem Kopf schlagen!"

„Aber wir können doch oberhalb und unterhalb des Sporns abfahren", halte ich ihm entgegen.

„Aber das ist dann doch keine richtige Skiabfahrt von einem Achttausender."

„Komm erst mal nach oben, bevor du vom Abfahren redest."

Wolfgang denkt anders, er ist sofort begeistert vom

Auf der Randmoräne des Annapurna-Gletschers stehen unsere Zelte

Sporn. „Der Anstieg über den Sporn ist vom Klettern her sicherlich viel interessanter als die Franzosenroute. Außerdem bringe ich sicherlich gute Bilder in den Kasten."

Karl plädiert für die sicherste Route, und Klaus beschließt die Diskussion: „Reden wir doch morgen weiter, wenn wir alle das Gelände mit eigenen Augen gesehen haben."

Der erste ruhige Tag im Hauptlager. Alles ist ausgeflogen, um das Hochlager I auf zirka 5100 m Höhe aufzubauen. Nur Werner, Konni und ich sind zurückgeblieben. Doch wir haben keine Zeit, uns auf die faule Haut zu legen. Jeder ordnet seine persönliche Ausrüstung und bringt sie im Zelt unter. Bindungen werden an den entsprechenden Vorbohrungen auf die Skier montiert. Dann errichten wir mit Werner ein ‚Mediziner-Zelt', vermutlich

Um unser weißes Aufenthaltszelt gruppieren sich die Schlafzelte

die derzeit höchste Praxis der Welt (4200 m). Wir stellen die Generatoren hinter lärmschluckenden Steinhaufen auf, verlegen Kabel, installieren die medizinischen und wissenschaftlichen Untersuchungsgeräte. Zum Probelauf springen die Aggregate zwar anstandslos an, bringen aber die vorausberechnete Leistung nicht. Sobald eine Zentrifuge oder ein Gefriertrockner eingeschaltet wird, bricht der Stromkreis zusammen. Jeder bastelt ein bißchen an den Motoren herum, aber die richtige Einstellung bringt keiner zustande. Am Abend geht dann Werner mit Wolfgang noch einmal jedes Teil durch, und plötzlich funkt es bei Wolfgang. Er dreht an der richtigen Vergaserschraube und hat Erfolg. Wie immer, wenn die Technik auf über 4000 m Höhe versagt: Wolfgang bewährt sich als Allround-Reparateur, und es gibt während der gesamten Expedition fast nichts, was er nicht wieder instand gesetzt hätte. Da funktioniert zum Beispiel das Transistorradio der Sherpas nicht. Sie wollen aber unbedingt die Ergebnisse der Volksabstimmung über das Panchiat, ihre Volksvertretung, erfahren. Wolfgang öffnet die Rückwand, wackelt hier an einem Kabel, zwickt mit einer Zange dort etwas zusammen, und zum Erstaunen aller Umstehenden geht es wieder. Nur einmal muß er kapitulieren: Als im Lauf der Zeit ein Funkgerät nach dem anderen seinen Geist aufgibt, kann er zwar den Fehler orten, hat aber keine entsprechenden Ersatzteile dabei.

Am Abend flammt plötzlich die Glühbirne im Mannschaftszelt auf: elektrisches Licht auf 4200 m Höhe, ein unerhörter Luxus! Gewissermaßen ein Abfallprodukt der Wissenschaft. Bei jeder Blutabnahme, die Werner durchführt, laufen die Generatoren 12–14 Stunden, um Strom für die Gefriertrockner zu liefern, und da können wir

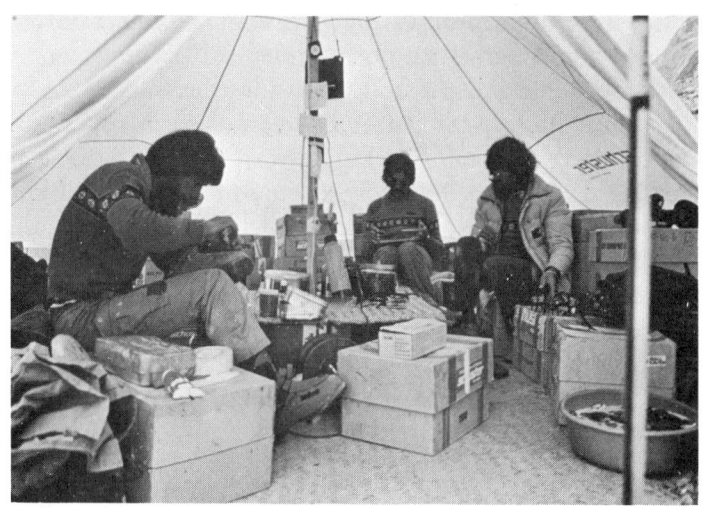

Das Hauptlager ist für uns ein Ort der Erholung. Nach mehreren Tagen in der Höhe sammeln wir Kraft für den nächsten Vorstoß

ruhig eine Glühbirne mit anstecken, denn die Generatoren bringen auf dieser Höhe noch immer 1000 Watt.

Heute abend dauert die Diskussion über unsere Aufstiegsroute nicht allzu lange. Die komplette Mannschaft war mittlerweile auf der Höhe von Lager I, und die Kritiker der letzten Besprechung sind mit ähnlichen Eindrücken und Schlußfolgerungen zurückgekehrt wie Konni und ich: Unser Weg kann nur über den Holländer-Sporn führen. Der Grundstein zum Aufstieg ist heute mit Lager I gelegt worden. Zwei Zelte sind aufgestellt, eine Menge Material ist schon oben, und der Nachschub ist durch zusätzliche Seilsicherungen leichter zu transportieren. Heute können wir gut schlafen.

„Jetzt alle mit den dicken Daunenjacken! Klaus und Werner, zieht doch endlich die blauen Hosen an! Erika, bitte den Schlafsack unter den Arm! Karl, häng dir doch die Daunenschuhe nicht so blöd um ... Enger zusammen! Sooo. Jetzt! Halt, halt, das ganze noch einmal! Flo, schau mal kühn zum Nilgiri! Gut!" So schallt es schon den ganzen Morgen über den Lagerplatz. Wolfgang ist der Regisseur dieser Modenschau am Fuße der Annapurna. Bei strahlendem Sonnenschein inszeniert und fotografiert Wolfgang in Personalunion. Wir lassen das Spektakel geduldig über uns ergehen, denn schließlich stattet uns die Berg- und Ski-Industrie nicht umsonst mit ihren Spitzenprodukten aus. Unsere Gegenleistung erbringen wir in Form von Werbeaufnahmen. Und so wechseln wir mehrfach die Kleidung, posieren hier und arrangieren dort, wie es unserem Standfotografen gefällt. Gegen Mittag dann ist der Modezirkus vorbei. Jeder breitet nun seine Ausrüstung unter freiem Himmel aus, um die notwendigen

Am 7. April bereits brechen wir vom Hauptlager auf

Kleidungs- und Ausrüstungsstücke für die kommenden Tage bereitzulegen.

Da löst sich urplötzlich mit einem Donnerschlag auf der anderen Talseite eine Lawine, die in rasender Fahrt über die Westflanke der Annapurna herabstürzt. Die Schnee- und Eismassen wälzen sich durch eine Rinne, sausen durch einen Trichter und wirbeln explosionsartig eine Wolke aus Eiskristallen auf. Gebannt stehen wir vor diesem Natur- schauspiel. Noch immer schwillt die Lawine an, greift über die seitlichen Talränder, spuckt immer neue Schnee- wolken aus. Wolfgang flucht, ihm ist im entscheidenden Augenblick der Film ausgegangen. Da schlägt die Lawine unterhalb der Moräne, auf der unser Lagerplatz ist, auf den Gletscher auf. Eine riesige Schneefahne stiebt in die Höhe.

„Mensch, die kommt ja bis zu uns!"

Schnell flüchten wir ins Mannschaftszelt. Nur Karl kann sich von seiner Habe nicht schnell genug trennen und wird von oben bis unten eingestaubt. Der Spott ist ihm gewiß.

Wir schlüpfen wieder aus dem Zelt, die Nebel lichten sich rasch unter der Kraft der Sonne. Unschuldig liegt der Berg erneut vor uns, aber er wirkt noch unerreichbarer.

Nur wenig später bitten uns die Sherpas um Schnüre. Sorgfältig nähen sie buntbedruckte Gebetsfahnen in langer Reihe auf, die sie vom Lama aus Bodnath mitgebracht haben. Eine von ihm bestimmte Reihenfolge der Fahnen wird sorgsam eingehalten. Der Holzträger hat inzwischen zwei lange, dünne Holzstangen geschlagen, zwischen die nun die Gebetsfahnen gespannt werden. Alle Sherpas und die übrigen Expeditionsteilnehmer versammeln sich um einen aus Steinen gebauten Altar, ein Relikt früherer Expeditionen, den die Sherpas ausgebessert haben. Ang Dorje zündet ein Feuer mit dem Holz von Wacholderbeersträuchern an und weiht die Opfergaben: Reis und Nudeln, Salz und Zucker, Wurst und Fleisch; sie haben von allen vorhandenen Lebensmitteln ein Stück zurechtgelegt. Ang Dorje erfleht laut den Segen der Götter, die auf den Gipfeln der höchsten Berge thronen. Die anderen Sherpas murmeln Gebete dazu. Es klingt in unseren Ohren wie eine Litanei. Ernst und ehrfürchtig beten die Sherpas. Auch ich bete. Ich weiß nicht, zu welchem Gott. Aber ich erbitte Hilfe von einem höheren Wesen, das uns bei dem Kommenden beschützen möge.

Der Wind spielt mit den Gebetsfahnen, trägt die Gebete hinauf zu den Göttern, der Rauch des Feuers bringt ihnen unsere Opfergaben. Ang Dorje wirft einige Reiskörner ins verzehrende Feuer, wir folgen seinem Beispiel. Nun geht

Wieder einmal donnert eine Lawine aus der Westflanke der Annapurna herunter

ein Glas um, jeder nippt daran. Die Zeremonie endet damit, daß jeder eine Handvoll geweihter Reiskörner bekommt, die er immer bei sich tragen soll. Ang Dorje steckt gleich einen ganzen Beutel davon ein, und an jedem Lagerplatz wird er später einige ausstreuen, noch bevor er seinen Rucksack ablegt oder einen Tee getrunken hat, um die Götter zu besänftigen.

Annapurna – Göttin der Ernten, wie die wörtliche Übersetzung des Sanskrit lautet – göttliche Nährmutter, wirst du uns wohlgesonnen sein?

Wir nähen die Reiskörner in ein Stück Stoff ein und legen sie uns zu dem Amulett des Lama um den Hals. Dann nehmen wir unsere hochbepackten Rucksäcke auf und ziehen los.

Zu siebt steigen wir auf zum Lager I. Wir haben uns mittlerweile schon so gut an die Höhenluft angepaßt, daß

Am 9. April errichten wir die Zelte für Lager I, 5100 m hoch

Gustav Harder bei einer Rast auf dem Weg zu Lager II

wir erstmals oberhalb von 5000 m übernachten wollen. Bei unserer Planung haben wir in Absprache mit unserem Arzt sorgfältig eine langsame Adaption an größere Höhen geplant; schließlich atmen wir auf 5000 m nur noch halb soviel Sauerstoff wie auf Meereshöhe. Aber wir wollen bald höher hinauf: Für den nächsten Tag ist die Errichtung von Lager II geplant. Rucksäcke und Skier drücken ganz schön. Ich quäle mich ein bißchen unter dieser Last, gewinne nur mühsam an Höhe. Erst lange nach den Freunden komme ich bei den leuchtend roten Spitzzelten des Lagers an. Der Tee dampft schon, und das Wasser kocht ja bekanntlich auf 5100 m Höhe etwas schneller als unten, denn wir haben hier nur noch die Hälfte des normalen Luftdrucks; auf dem Gipfel wird es dann nur noch ein Drittel sein. Die schneidende Kälte treibt uns bald in die Schlafsäcke. In der Nacht heult draußen wieder ein Schneesturm und rüttelt an unseren Zelten, aber die halten stand.

Am nächsten Morgen treibt uns die Erwartung schon früh aus den Schlafsäcken, aber einer war noch früher auf: Ang Dorje empfängt uns lachend mit einem großen Teetopf. Bald verlassen wir den Lagerplatz und stapfen durch den Eisbruch hinaus in das flache Gletschergelände. Konni und ich schnallen die Skier an und spuren über den Gletscherrücken. Eisbrüche zwingen uns, auf eine Rippe auszuweichen. Lange müssen wir den Übergang suchen. Das Gelände richtet sich jetzt wieder auf, wird immer schroffer, wir stecken die Skier wieder in den Rucksack. Klaus, Karl und die Sherpas haben uns bald eingeholt. Sie

Am 10. April machen wir uns auf, Lager II zu errichten

Wir entscheiden uns für den Aufstieg über den Holländer Sporn

lösen uns jetzt in der kräftezehrenden Spurarbeit ab. Nur mühsam gewinnen wir Höhe. Die Abstände zwischen den Verschnaufpausen werden kurz und kürzer. Bleischwer wiegt die Rückenlast. Wir stecken irgendwo unterwegs die Skier in den Schnee und stapfen weiter. Unter der Schädeldecke hämmert es, ich habe das Gefühl, mir die Lunge aus dem Leib zu blasen. Immer nur weiterhatschen... Und dann die Hitze! Die Temperatursprünge von den nächtlichen Minusgraden auf 40 oder 50 Grad über Null werden uns auch in der Folgezeit noch schwer zu schaffen machen. Die Sonne brennt, wir gehen zum Teil mit nacktem Oberkörper; nachts friert es wieder Stein und Bein.

Gegen Mittag finden wir endlich einen Platz, der für Lager II geeignet scheint: eben und einigermaßen lawinensicher. Wir pickeln und schaufeln eine Fläche für die Zelte. Unsere Bewegungen kommen uns zeitlupenhaft vor; die Höhe fordert ihren Tribut. Zwar schwimmen, wie Werner gemessen hat, schon viel mehr rote Blutkörperchen in unserem Kreislauf herum, aber die Anpassung an die Höhe ist noch immer unvollständig.

Ang Dorje, Konni und ich richten uns in einem Zelt ein, während die anderen wieder zum Lager I absteigen. Dort werden sie von Erika, Wolfgang und Flo mit einem Abendessen empfangen. Beim abendlichen Funkspruch wissen sie von Neuigkeiten aus der Heimat zu berichten; zum ersten Mal seit unserem Abmarsch vor drei Wochen ist Post eingetroffen. Der Gedanke an die Briefe der Lieben, die wir morgen lesen werden, macht die Kopfschmerzen vergessen.

Mount Avalanche

Reif hat sich über Nacht an unsere Zeltwände gelegt. Zeit zum Aufstehen. Seile, Firnhaken, Eisschrauben fliegen in den Rucksack, heute wollen wir den Holländer-Sporn angehen! Die innere Spannung treibt mich noch vor den anderen aus dem Lager; über mir ist blitzblanker Himmel, vor mir funkeln die Eiswände des Sporns. Ein Hochgefühl, wie ich es von anderen Bergtouren her kenne, packt mich; am liebsten würde ich aus voller Brust singen, wenn nur die Luft nicht so knapp wäre. Plötzlich zerreißt ein Schlag hoch über mir meinen Tagtraum: Ein dumpfer Donner rollt in Sekundenschnelle auf mich zu. Instinktiv werfe ich den Rucksack ab, sehe im Augenwinkel eine Lawine über die Nordflanke herabschießen. Die Mischung aus Eis und Schnee rast genau auf mich zu, fegt über Hänge und Abbrüche, der Schnee stiebt auf, wirbelt in die Höhe. Ich will die rettenden Spalten rechts von mir erreichen, renne wie besinnungslos los, aber nach zehn Metern bleibt mir die Luft weg, ich kann mich nur noch bäuchlings in den Schnee werfen, das Halstuch vor den Mund reißen, und da ist die Lawine schon da. Der Luftdruck schüttelt mich mit mächtiger Faust hin und her, hebt mich vom Boden ab und wirbelt mich 5 oder 10 Meter talabwärts. Vergeblich versuche ich, mich in den Untergrund einzukrallen. Dann ist es auch schon vorbei, der Donner rollt gen Tal, Sekunden später ist wieder Totenstille. Ich wage nicht, den Kopf zu heben, zittere am ganzen Leib. Jetzt erst bricht die Angst in mir aus. Durch die Nebel aus Schnee- und Eiskristallen sehe ich meinen Rucksack ein paar Meter weiter unten liegen. Benommen stolpere ich hinunter. Besorgte Rufe von Konni und Ang Dorje dringen an mein Ohr, aber ich kann nicht antworten. Im Eilschritt laufen sie herüber zu mir. Die Erleichterung ist ihnen ins Gesicht geschrieben, als sie mich zwar verstört, aber unversehrt auf meinem Rucksack hockend vorfinden. Die Staubwolke lichtet sich, und gemeinsam schauen wir uns jetzt um. Das todbringende Material der Lawine, Eisbrocken und Schneeschollen, ist am Fuß der Spornwand liegengeblieben. Bis zu mir herunter kamen glücklicherweise nur noch die Druckwelle und lockerer Schnee. Der Berg hat einen Warnschuß abgegeben.

Zwei Stunden mühsames Spuren bis zum Fuß der Wand, über die wir uns den Zustieg zum Rücken des Holländer-Sporns verschaffen wollen. Steil bäumt sich das Eis über uns auf. Zum ersten Mal schnallen wir unsere Steigeisen an. Ohne viel Worte zu machen, geht Konni voraus. Er ahnt wohl, daß ich noch etwas weiche Knie habe. In einer Schleife überwindet er den Bergschrund. Das Eis ist glashart, blankgefegt von den nächtlichen Stürmen. Haken sind nur mit großem Kraftaufwand einzutreiben. Konni, von Ang Dorje gesichert, gewinnt allmählich an Höhe. In der Zwischenzeit mache ich den Bergschrund gangbar; Seile müssen fixiert, Stufen in das Eis geschlagen werden. Die Zeit verrinnt wie im Flug. Ich schaue hinauf, sehe, wie Konni gerade das obere Ende der Wand erreicht. Es mögen etwa 150 bis 200 Meter sein, die er geschafft hat. Man müßte jetzt nach links hinausqueren auf den Grat. Aber dafür ist es heute schon zu spät, Arme und Beine sind lahm geworden. Einpacken, abseilen, zurück ins Lager. Dorthin ist unterdessen fast die komplette Mannschaft nachgerückt. Sie haben die langerwarteten Briefe von zu Hause mitgebracht. Glücklich, etwas aus der Heimat zu erfahren, überfliegen wir die Zeilen. Gott sei Dank, es ist alles in Ordnung. Entspannt sitzen wir in der Runde, trinken Tee und erzählen von den heutigen Erlebnissen. Die Lawine wird immer größer, der Sporn immer steiler.

Es ist schon spät, als sich Erika und Wolfgang wieder auf den Weg machen. Ihr Kompagnon Flo ist schon früher wegen leichter Unpäßlichkeit ins Hauptlager abgestiegen. Wir hoffen, daß Werner ihn wieder fitmacht.

Konni und ich sitzen in der warmen Morgensonne und genießen es, die anderen arbeiten zu sehen. Karl, Klaus und Ang Dorje kommen an unseren Fixseilen ziemlich schnell vorwärts und haben schon bald den höchsten Punkt des Vortags erreicht. Durchs Fernglas beobachten wir, wie Karl zur Querung nach links ansetzt. Langsam tastet er sich vorwärts, mogelt sich regelrecht unter den Eisüberhängen durch. Ang Dorje sichert ihn, während Klaus in stoischer Ruhe Stufe für Stufe in das Eis pickelt. Gegen Mittag machen wir uns auf zu einem Abstieg besonderer Art: Wir schnallen die Skier an, packen unsere Rucksäcke auf und schwingen hinunter ins Lager I.

Natürlich bin ich noch nie auf einer solchen Höhe Ski gefahren, und wir beginnen die Abfahrt recht verhalten. Aber als wir dann merken, daß es auch in dünner Luft ganz gut geht, legen wir einen Zahn zu, ziehen immer längere Schwünge. Erst am Abend erfahren wir, daß Flo und Werner uns von der Südflanke des Tilicho Peak aus beobachtet haben. Sie waren am gleichen Tag ein Stück weit auf den Nachbarn der Annapurna aufgestiegen und konnten praktisch unseren gesamten Weg einsehen.

Wir aber genießen noch die Abfahrt auf 5000 m Höhe. Unterwegs tauchen unsere Freunde mit Nima und Maila auf. Schwerbeladen keuchen sie den Weg hinauf zum Lager II.

„Halt, halt! Ich will euch filmen!" schreit Wolfgang schon aus der Ferne, wild gestikulierend. Wir warten, bis sein Freizeichen kommt, dann schwingen wir so locker wie möglich an ihm vorüber. Nima Nuru und Maila Pemba bleibt der Mund offen stehen: So etwas haben sie noch nie in ihrem Leben gesehen! In Eis und Schnee zwar zu Hause, sind ihnen Skier fremd.

Am Abend sind wir wieder im Hauptlager. Werner hat uns schon mit spitzer Nadel erwartet. Wir haben ihn „Vampir" getauft, und er trägt seinen Spitznamen mit Gelassenheit. Er nimmt jedem, der von oben kommt, eine Blutprobe ab. Für wissenschaftliche Zwecke, versteht sich! Aber auch daran gewöhnt man sich. Zum Trost gibt es ab und zu ein Kamillen-Dampfbad, das die ausgetrockneten Atemwege belebt, oder ein erfrischendes Fußbad.

Chakraman verwöhnt uns auf seine Art. Ich sitze bei ihm in der Feldküche und esse Schokoladenplätzchen, die er auf heißer Asche ausgebacken hat. Heute gibt es Tukpa, ein nepalesisches Fleischgericht mit Gemüse. Er brät über dem offenen Feuer gewürfelte Zwiebeln und gehackten Knoblauch in Margarine goldgelb an, würzt mit Besar,

Zwischen Lager I und Lager II fahren wir mit den Skiern ab

Khursani, Tegpatha und Curry. Dann gibt er Dosenfleisch zu und brät scharf an; heißes Wasser wird zugegossen. Schließlich gibt er feingehackten Ingwer und Salz zu und kocht Glasnudeln in der Soße auf. Das Ganze serviert er auf einem Lauch-Kohlgemüse. Es schmeckt hervorragend! Chakraman spielt seine ganze Erfahrung aus, legt seinen ganzen Stolz in das Essen. Und wir ermuntern ihn, nepalesische Küche zu kochen. Er erweist sich als Meister der Improvisationskunst und weiß auch noch die letzten Trockensuppen schmackhaft zuzubereiten. Wir werden noch einige kulinarische Höhepunkte durch ihn erleben.

Für uns ist heute ein richtiger Faulenzertag. Das Basislager ist für uns ein Hort der Ruhe und Erholung. Wir werden das in den kommenden Wochen noch zu schätzen wissen; jeder, der oben in Wind und Wetter am Berg sitzt, freut sich auf den Aufenthalt im Base Camp. Chakraman bekocht uns, Werner versorgt uns medizinisch, hier ist Zeit und Muße für ein Buch, für ein Gespräch. Konni und ich genießen das in vollen Zügen, nur Flo macht einen etwas deprimierten Eindruck. Ihm klebt das Pech an den Füßen, er kommt nicht so recht zum Zuge. Seine Unpäßlichkeit in den höheren Regionen macht ihm schwer zu schaffen. Wir suchen das Gespräch mit ihm, wollen ihn aufmuntern. Ich erzähle ihm von meiner Expedition zum Pik Lenin, bei der es mir anfänglich so dreckig ging, daß ich am liebsten auf der Stelle kehrtgemacht hätte. Mit fortschreitender Dauer der Expedition ging es mir damals immer besser, am Tag des Gipfelsturms hatte ich meine Hochform erreicht. Ob ihm das hilft?

Am Nachmittag bricht Flo dann allein auf zum Lager I. Wir brauchen dort oben unbedingt jemanden, der den Nachschub zu den höheren Lagern organisiert. Moile und

Moiem, unsere beiden Hochträger, schleppen Tag für Tag Lasten hinauf zum ersten Lager. Moiem haben wir ebenso wie Moile noch kurzfristig als Hochträger engagiert; er wird für die gesamte Dauer der Expedition bei uns bleiben. Seit 20 Jahren ist er nun von zu Hause weg, verdingt sich bei Trekkings als Küchenjunge oder Träger, verbringt die freie Zeit in Kathmandu. Mit ungläubigen Ohren vernehmen wir, daß er bald ins Ölscheichtum Dubai geht, wo er einen Zweijahresvertrag als Bauarbeiter unterschrieben hat. Die Sherpas wissen zu berichten, daß schon 20 000 Nepalesen als Gastarbeiter in den Ölländern arbeiten.

Am Abend versammeln wir uns zur Funkstunde im Meßzelt. Erfreuliche Nachrichten von der Spitze der Expedition: Der Weg auf den Gratrücken ist frei. Ein geeigneter Platz für Lager III auf zirka 6300 m Höhe ist gefunden, allerdings konnte die Mannschaft keine Zelte mehr aufbauen. Unsere Freunde haben sich wieder ins Lager II zurückgezogen. Lawinen sind wieder beiderseits des Sporns heruntergerauscht. Für mich heißt dieser Berg nur noch Mount Avalanche; allmählich nerven mich diese Lawinensalven. Ich denke an die erschreckende Zahl von Bergsteigern, die die Annapurna schon gefordert hat, und fast alle kamen durch Lawinen um. Eine grausame Göttin. Ich spreche nicht darüber. Ich kann mir leicht ausmalen, was in den anderen vor sich geht.

Der nächste Tag bringt wieder einen Schneesturm, noch heftiger als an den Vortagen bläst er uns ins Gesicht. Glücklicherweise ist der Weg nach oben durch Steinmänner und Wimpel gut gekennzeichnet. Heute ist Werner mit von der Partie. Es tut ihm sichtlich gut, einmal aus dem Base Camp herauszukommen und „unseren" Berg in seiner ganzen Größe zu erleben. Auf halber Höhe hören

Wir tragen unsere Ski bis zum Fuß des Holländer-Sporns hinauf und fahren ab

wir plötzlich Stimmen aus Nebel und Schneetreiben. Erika kommt mit Maila und Nima. Sie bringen frohe Kunde: Gemeinsam mit unseren Freunden haben die Sherpas heute Lager III aufgebaut. Die Anstrengung ist ihnen noch ins Gesicht geschrieben. Das gesamte Eisfeld des Holländer-Sporns war in tiefem Pulverschnee versunken. Die mühsam geschaffenen Stufen waren zugeblasen, die Seile vereist, so daß für die Steigklemmen kaum Halt war. Das Ausheben einer Plattform für die Zelte muß eine tierische Arbeit gewesen sein. Aber die Augen der Sherpas leuchten beim Erzählen, auch sie wollen die Annapurna bezwingen. Klaus, Karl und Wolfgang weihen heute nacht das neue Lager ein. Unterdessen stoßen wir noch bis zu Flo vor. Seine Verfassung hat sich wieder gebessert, und er brennt jetzt förmlich darauf, weiter nach oben zu steigen.

„Namasté", tönt es draußen vor dem Zelt. Ang Dorje zerrt lachend am Zelteingang. Er hat die Nacht noch im Hauptlager zugebracht und ist im Morgengrauen zu uns aufgestiegen. Gemeinsam machen wir uns nun auf den Weg zu Lager II. Hier stehen mittlerweile drei Zelte. Das Lager hat sich zu einem richtigen Umschlagplatz für das Material, das für die höheren Lager bestimmt ist, entwickkelt. Es ist so etwas wie unser vorgeschobenes Basislager. Der Weg hinauf ist diesmal nicht so beschwerlich; zu guter Letzt laden wir uns noch die Skier auf, die wir beim letzten Mal hier haben stehenlassen. Die Akklimatisation macht sich angenehm bemerkbar. Unterwegs beobachten wir durch ein Fernglas die Freunde am Sporn. Zeitlupenartig bewegen sich die schwarzen Punkte am scharfen Grat entlang. Schon bald werden sie von den ersten Wolken verschluckt, die heute von Süden her aus dem Miristi-Khola und dem Sanctuary aufsteigen. Rechter Hand liegt jetzt in scharfen Konturen der Blumenkohlgrat, der seinem Namen alle Ehre macht. Bald sind wir selbst in das Wolkenmeer eingetaucht, es fällt wieder Schnee.

Kein Funkkontakt. Wir probieren es am Abend wieder, aber keine Rückmeldung. Hoffentlich ist nichts passiert. Auch das Hauptlager hat Funkstille. Ist unser Gerät defekt? In der Nacht legt sich eine 40 cm dicke Schneedekke über unser Lager. Um uns donnern sie wieder, die Lawinen. Rechts und links des Holländer-Sporns rauschen sie herunter. Wir lassen uns Zeit, hoffen, daß das Gröbste am Morgen abgeht. Auf halbem Weg zum Einstieg in die Gratwand treffen wir die absteigende Spitzenmannschaft und sind erleichtert, sie alle wohlbehalten wiederzusehen. Wir halten zu einem kurzen Plausch,

Lager II haben wir am 10. April 1980 in einer Höhe von 5850 m errichtet, später müssen wir es wegen der Lawinen um 100 m versetzen

erzählen uns die Neuigkeiten von oben und unten, sprechen über den Funkschatten, in dem Lager III offensichtlich liegt, als ein dumpfes Tosen das Nahen einer Lawine ankündigt. Die Annapurna schickt uns einen Morgengruß auf ihre Art! Wir werfen unsere Rucksäcke ab, ziehen die Halstücher vor den Mund und verschanzen uns hinter unseren Lasten. Aber die Lawine geht in größerer Entfernung an uns vorbei, und der Spuk ist schnell vorüber. Es ist schon fast ein bißchen zur Routine geworden, aber die Angst sitzt mir jedesmal gleich stark im Nacken. Und Wolfgang schimpft wieder wie ein Rohrspatz, denn es ist auch schon ein wenig Tradition geworden, daß ihm gerade in diesen Situationen der Film ausgeht. Aber für Wiederholungen sorgt unsere Annapurna.

Ein paar Stunden später sind auch Konni, Flo und ich

Der Grat des Holländer-Sporns ist nur durch die steile Eiswand zu erreichen

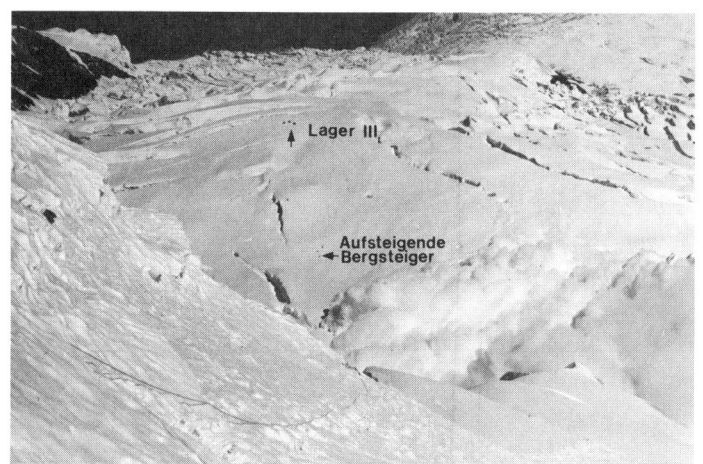

Oberhalb von Lager III sehen Konni, Thomas und Gustav die aufsteigenden Bergsteiger

Zum Glück werden die drei Freunde nicht von der Lawine erfaßt

Das Gefährlichste an den Lawinen ist der Schneestaub. Wenn er in die Lungen eindringt, kann er zum Ersticken führen.

Blick vom Lager III (6300 m) zum Dhaulagiri (8167 m)

zum ersten Mal in Lager III und erfahren gleich am eigenen Leib, wie kräfteraubend es ist, eine Nische für ein Zelt auf 6500 m zu schaufeln. Erst als das zweite Zelt steht, können wir Schnee für einen Tee schmelzen, eine Trockensuppe einrühren, einen Kanten Brot eintunken. Schade, daß uns immer am Abend die Wolken einhüllen. Aber am Morgen wacht die Annapurna wieder in neuem Glanz auf, gibt den Blick frei nach Norden bis weit nach Tibet. Ich stehe mit dem Funkgerät etwas abseits von den Zelten, als ich einen Funkspruch von Ang Dorje aus Lager II auffange. Ganz aufgeregt berichtet er in seinem Sherpa-Englisch, daß in der Nacht eine riesige Staublawine über sein Lager hinweggefegt ist. Der Luftdruck zerfetzte ein Zelt, drückte ein anderes zusammen, nur sein Zelt blieb wie durch ein Wunder verschont. Zum Glück waren die anderen Zelte unbewohnt, Werner war gestern mit den anderen wieder abgestiegen. Nicht auszudenken, was passiert wäre, wenn die Schnee- und Eismassen bis zum Lager vorgedrungen wären. Ein Schauer läuft mir über den Rücken; unwillkürlich sehe ich vor meinem geistigen Auge den Totengedenkstein in der Nähe des Basislagers. 14 Namen sind bereits eingemeißelt. Ich habe mir geschworen, daß kein Name dazukommen darf, aber wie lächerlich machtlos bin ich gegen diese Urgewalten. Irgendwie versucht jeder von uns, solche Gedanken zu verdrängen, und bezeichnenderweise haben wir noch nie über diese Totentafel gesprochen, obwohl sie natürlich jeder schon bemerkt hat. Jeder von uns hat Angst.

Ang Dorje gibt per Funk durch, daß er heute das Lager II versetzen will; also gehen wir allein weiter. Mühsam hangeln wir uns an den von Klaus und Karl angebrachten Seilen hoch. Bis zum Bauch wühlen wir uns durch den Neuschnee, graben immer wieder die Seile aus dem tiefen Schnee aus. So etwas Anstrengendes habe ich noch nie gemacht. Fix und fertig erreichen wir das Ende der Versicherungen. Wir schaffen es mit letzter Kraft noch, die letzten 100 m des Grates mit Seilen zu versichern. Dort endet der Sporn übergangslos in einer Steilwand, die wir durchsteigen müssen. Ich kann mir das in diesem Augenblick beim besten Willen nicht vorstellen. Je höher wir kommen, um so unerreichbarer scheint der Gipfel zu werden.

Noch 1600 Höhenmeter liegen vor uns. Ausgezehrt und abgekämpft stapfen wir zum Lager zurück; zum Kochen sind wir zu müde. Bei einer Schale Tee kauen wir lustlos auf ein paar trockenen Keksen herum. Schon bald rollen wir uns in die Schlafsäcke.

Im blanken Eis arbeitet sich Konni Staltmayr die steile Einstiegswand hinauf

An den Fixseilen gesichert, können wir auch mit großen Lasten über die steile Wand aufsteigen

Wie lange wird uns der Sporn noch aufhalten? Wir hinken jetzt schon fast vierzehn Tage hinter unserem Zeitplan her.

Ein erneuter Anlauf am nächsten Tag. In der Natur ist nur wenig Schnee gefallen. Zum ersten Mal finden wir die Tretspuren des Vortags wieder. Konni übernimmt die Führung im Neuland. Zuerst ein steiler Aufstieg am Ende des Sporns. Brüchiges Eis gewährt fast keinen Halt. Dann versperrt uns ein mächtiger senkrechter Aufschwung den Weg. Vielleicht gibt es eine Möglichkeit, nach links hinauszuqueren? Ohne Zögern geht Konni die schwierige Passage an. Flo sichert ihn, während ich neues Material zu Konni schleppe. Die Zeit vergeht wieder viel zu schnell,

Nach Verlassen von Lager III erreichen wir wieder den Grat

Konni Staltmayr geht die schwierige Passage ohne Zögern an

gleich ist es fünf Uhr. Aber das Wetter meint es heute wenigstens gut mit uns. Von unserem jetzigen Standpunkt aus können wir über den Nilgiri hinwegsehen. Der Dhaulagiri liegt schemenhaft im Abendlicht, fast zum Greifen nahe. Eine imposante Kulisse. Konni jodelt! Das hört man selten von ihm, aber jetzt ist er am Ende des Sporns. Ein Ziel ist erreicht! Wir glauben, die technischen Schwierigkeiten überwunden zu haben, machen kehrt und steigen an den Fixseilen entlang sicher zum Lager III ab. Heute sind wir der Siebentausender-Marke wieder ein Stück nähergerückt.

Nima Nuru und Maila Pemba empfangen uns mit heißer Suppe und Gulasch aus der Dose. Heißhungrig machen wir uns über das Essen her, sind leutselig und ausgelassen.

Wie sehr doch ein bißchen Erfolg die Stimmung heben kann. Da knackst das Funkgerät.

„Lager 25 an Lager 45. Habt ihr heute Lager 57 errichten können?" schnarrt eine Stimme aus dem Lautsprecher.

„Tagesbefehl ausgeführt. Wo bleiben die georderten 3 Tonnen Fixseile? Wie sollen wir sonst hier die nächsten Trekker raufführen?" blödeln wir zurück. „Verstanden, ich schick's euch mit dem Lift rauf." Anscheinend sind auch unten alle in bester Stimmung.

Early morning-tea auf 6350 m Höhe. Wie oft haben wir unseren nepalesischen Freunden schon zu erklären versucht, daß wir auf diesen Dienst keinen gesteigerten Wert legen. Aber ob wir wollen oder nicht – die Sherpas lassen sich diesen Brauch nicht nehmen. Und im Laufe der Zeit gewöhnen wir uns dann auch ganz gern an diese Sitte.

Heute ist Ablösung an der Spitze der Expedition. Karl und Klaus sind die nächsten, die unsere Route weiter nach oben treiben müssen. Sie haben im Basislager frische Kräfte gesammelt und hoffen zuversichtlich, bald Lager IV aufrichten zu können. Es ist noch keine Stunde vergangen, da treffen wir Wolfgang und Erika. Im Vorübergehen werfen wir uns ein paar Worte zu. Für ein langes Gespräch ist jetzt keine Zeit mehr, wir müssen sehen, daß wir noch vor Einbruch der Dunkelheit hinunterkommen.

Während wir im Hauptlager Werner unsere Erlebnisse vom Sporn schildern – er ist erstaunlich gesprächig beim Blutabzapfen! –, findet in Lager II eine Riesengaudi statt: Die Sherpas wollen Skifahren lernen! Zwei schlüpfen in die Skischuhe von Klaus und Karl und schnallen dann die Ski an. Kein einziger von ihnen ist je auf Skiern gestanden. Im Stapf- und Grätenschritt mühen sie sich das flache Gelände hoch, drehen um und sausen in wilder Schußfahrt auf das

Lager zu. Alles geht in Deckung, doch ein Sturz beendet meist die rasante Talfahrt. Glücklicherweise bleiben die Knochen ganz. Bis zum Einbruch der Dunkelheit kosten die Sherpas das neue Vergnügen aus.

Der Ruhetag im Basislager ist wieder einmal ein Erlebnis für sich. Chakraman tischt wieder alles auf, was seine fliegende Himalaya-Küche zu bieten hat. Voller Stolz präsentiert er zum Frühstück frischgebackenes Brot. Uns ist unklar, wie er das fertiggebracht hat, und bereitwillig zeigt er es uns. Er füllt seinen größten Topf mit Sand und stellt ihn dann über das offene Feuer. Sobald der Sand heiß ist, schaufelt er einen Teil davon auf den Deckel und stellt die Teigform in den Kessel. Deckel drauf, und das Brot wird gebacken.

Der Beifall ist ihm gewiß: frisches Brot auf 4200 m Höhe, das hätten wir uns nun wirklich nicht träumen lassen. Aber Chakraman weiß noch das i-Tüpfchen zu setzen, denn gegen Ende der Expedition zaubert er sogar Kuchen aus seinem Sandofen hervor.

Am Abend sitzen wir bei heißem Tee und Kukhri-Rum im Meßzelt, als wir einen Funkspruch aus Lager III empfangen. Karl berichtet, daß die Sherpas das Zelt einer früheren Expedition unter Eis und Schnee entdeckt und ausgegraben haben. Dabei kam auch eine große Aluminiumkiste ans Tageslicht, die vollgestopft war mit Lebensmitteln: Trockensuppen, gefriergetrockneten Mahlzeiten und Obst, Kuchen, Unmengen von Schokolade und Pralinen. Eine richtige Bescherung. Wenig später wird dann auch noch ein Rucksack geborgen, an dem ein Notizblock festgefroren ist. Wir haben eine böse Vorahnung, uns vergeht die Freude an dem unerwarteten Fund. Ein paar Tage später haben wir dann die Gewißheit: Dieses Zelt gehörte der amerikanischen Nach-Monsun-Expedition des Jahres 1979, also unseren unmittelbaren Vorgängern. Drei Bergsteiger wurden damals von einer gewaltigen Lawine in den Tod gerissen. Wir nehmen das Tagebuch mit den Aufzeichnungen mit ins Basislager und werden es später dem amerikanischen Expeditionsleiter zusenden.

Spät meldet sich Wolfgang noch einmal aus Lager II. Ich bitte ihn, dort noch einen Tag zu warten, bis Flo wieder zu ihnen aufgeschlossen hat. Gemeinsam mit Erika sollen sie dann an die Spitze rücken. Aber Wolfgang will davon nichts wissen: „Wir können jetzt nicht warten, wir müssen jetzt schauen, daß wir schnell weiter nach oben kommen."

„Aber Flo ist doch schon morgen bei euch. Ein Tag hin oder her, das ist doch nicht so wichtig."

„Doch, ist es schon! Ich bleibe hier nicht sitzen! Flo soll halt dann mit euch nachkommen. Du mußt eben rechtzeitig die Mannschaften besser einteilen und nicht nur so, wie es für dich am besten ist!"

Ich muß tief Luft holen. Auf einen solchen Vorwurf war ich nicht gefaßt. Stimmt das wirklich? Teile ich überhaupt ein, oder ergibt sich das nicht aus der Situation heraus?

„Also, jetzt mach mal einen Punkt! Schließlich bestimme ich ja hier nicht allein. Du hättest doch jederzeit sagen können, was dir nicht paßt. Warum hast du das nicht früher getan?"

„Ich wollte dich ja heute bei unserem Treffen ansprechen, aber du bist ja glatt an uns vorbeigerannt."

„Du bist doch sonst nicht auf den Mund gefallen." Ein Wort gibt das andere. Ich bin so betroffen, daß ich das Gerät zur Seite lege. Für heute ist das Funkgespräch beendet.

In dieser Nacht kann ich nicht schlafen. Es wurmt in

mir, ein Stachel sitzt in meinem Fleisch. Vergeblich versucht Konni, mich zu trösten.

„Schließlich sind wir ja auch bisher zusammen gegangen. Dieser Vorwurf gilt mir genauso wie dir!"

Auch Konni ist sichtlich verletzt. Vorteile auf Kosten der anderen erkaufen, das paßt nicht zu dem Geist unserer Mannschaft. Werner schimpft: „Warum rennt ihr auch aneinander vorbei, ohne miteinander zu reden? Das dauert bestimmt fünf Tage, bis ihr darüber reden könnt. Per Funk würde ich das nicht noch mal probieren!"

Warum hat Wolfgang mich nicht schon früher darauf angesprochen? Es ist nicht seine Art, Konflikte unter der Oberfläche gären zu lassen. Und gelöst ist jetzt gar nichts, nur Dampf abgelassen.

Erst später erfahren wir, daß Wolfgang und Erika vor dem Funkgespräch ein ganz besonderes Erlebnis hatten. Sie standen vor den Zelten und schauten sich noch einmal die weitere Aufstiegsroute an. Wolfgang wollte noch die Abendstimmung filmen: Plötzlich löst sich oberhalb der Sichel eine Lawine und stürzt über die Nordflanke herunter. Auf diese Gelegenheit hat Wolfgang wohl lange gewartet. Er filmt dieses Naturschauspiel von Beginn an; beide sind sicher, daß die Lawine wieder über den Franzosenweg talabwärts schießt. Zu ihrem Entsetzen stellen sie aber fest, daß die Lawine ungebrochen weiter in Richtung Lagerplatz rast.

„Schnell, zurück ins Zelt!" Wolfgang geht rückwärts auf den Zelteingang zu, die Kamera noch immer vor dem Auge. „Mach den Zelteingang hinter mir zu!"

Wolfgang hält das Objektiv nach draußen, während Erika den Zelteingang um die Kamera schließt. Da fegt auch schon die Lawine über den Lagerplatz. Der Luftdruck legt sich auf das Zelt, Schneestaub dringt durch alle Ritzen, aber das Zelt hält stand.

Erst zu Hause können wir uns dann anhand des entwickelten Films ein Bild von der Mächtigkeit dieser Staublawine machen. Im Film rollt sie noch einmal bedrohlich auf das Zelt zu, vernebelt mit ihrem Schneestaub das Objektiv. Die beiden glaubten, ihr letztes Stündlein habe geschlagen. Und kurz darauf wollte ich ihm dann vorschreiben, was er zu tun habe: Ihm platzte der Kragen.

Über den Sporn hinaus

21. April. Lager IV wird aufgebaut. Sieben Tage sind vergangen seit Errichtung des letzten Lagers auf dem Holländer-Sporn, für mich eine quälend lange Zeit. Im

Der Aufstieg im hüfthohen Schnee zwingt zu häufigen Pausen

Mühsam quälen wir uns über den Grat des Holländer-Sporns

Am 21. April finden Klaus und Karl einen Platz für Lager IV

Schneckentempo haben wir uns den Sporn hinaufge-
kämpft, aber nun haben wir die 6500-m-Marke endgültig
überschritten. Wir sind am Kreuzungspunkt von klassi-
scher Franzosenroute und holländischer Variante ange-
langt.

Unser Spitzenquintett hatte sich am Morgen schon früh
auf den Weg gemacht. Das Ende des Sporns war dank der
Sicherungen schnell erreicht, aber dann begann das Ringen

um jeden Meter in dem hüfthohen Schnee. Die Sherpas haben sich wieder einmal ausgezeichnet, und während Maila und Nima Nuru wieder absteigen, bleibt Ang Dorje, zusammen mit Klaus und Karl, an dem neuen Lagerplatz. Mit gewaltigen Kräften pickelt er eine Plattform in den hartgepreßten Schnee, die beiden anderen richten das Zelt auf.

Alle Mannschaften sind jetzt am Berg unterwegs. Wolfgang und Erika sind ins Lager III nachgerückt, während Flo heute mit Werner vom Basislager in einem Zug auf Lager II aufsteigt, um zu den beiden aufschließen zu können.

Am nächsten Tag verlassen Konni und ich das Hauptlager. Ein bißchen widerwillig ziehen wir los, denn der langerwartete Postläufer ist noch immer nicht angekommen. Seit fast drei Wochen haben wir keine Nachrichten mehr von zu Hause. Zum vierten Mal hatschen wir hinauf zum Lager I, aber diesmal schauen wir uns immer wieder um, ob nicht doch die hühnenhafte Gestalt des Mailrunners Manbahadur auftaucht. Ich glaube, ich würde sofort meinen Rucksack hinwerfen und zurücklaufen. Aber nichts rührt sich. Friedlich liegen die Zelte da unten, hören wir das mittlerweile schon vertraute Tuckern der Generatoren. Bis wir wieder zurückkommen, werden diesmal 11 Tage vergehen.

Im Schneesturm erreichen wir die Zelte von Lager I. Konni kriecht gleich in den wärmespendenden Schlafsack und liest ein Buch von Heinrich Harrer. Ich sitze apathisch auf der Matte, unfähig, etwas zu tun. Gedanken kreisen in meinem Kopf, lähmen mein Tun.

Draußen blitzt und donnert es, dazu Hagel und Schneefall. Ein trübsinniges Einerlei.

116

„Konni, ich glaube, ich hätte doch nicht mitfahren sollen. Ausgerechnet jetzt, wo Susi schwanger ist. Im fünften Monat ist sie jetzt schon. Und ich bin nicht dabei."

„Und ich, Gustl? Was soll ich sagen? Meinst du, der Unterschied ist so groß? Ich habe bereits zwei Kinder. Und Klaus. Und Werner. Meinst du, du wärst jetzt zufriedener, wenn du zu Hause geblieben wärst?"

„Zufriedener sicher nicht. Aber vielleicht überzeugter, das Richtige getan zu haben."

„Gustl, glaubst du nicht, daß jeder irgendwie seinen Weg gehen muß? Auch einmal im Leben das tun, wovon man zuvor nur geträumt hat? Paß auf, in den nächsten Tagen wird so ein Traum wahr."

Überzeugt bin ich zwar nicht, aber doch ein bißchen beruhigt.

Der Schneesturm legt sich, Stille kehrt ein. Vielleicht klappt es ja schon bei diesem Angriff, vielleicht erreichen wir schon diesmal den Gipfel. Endlich schlafe ich ein.

Ang Dorje, Karl und Klaus wühlen sich von Lager IV aus weiter vor. Ein paar Blankeisbuckel bringen Abwechslung in die Schneewüste; es gilt, Übergänge über Gletscherspalten und kurze Steilstufen zu versichern. Die Neugierde treibt sie immer weiter, bis über die Siebentausendergrenze. Die drei sind in blendender Verfassung, strotzen regelrecht vor Kraft und Unternehmungsgeist, leisten unschätzbare Arbeit an der Spitze der Expedition. Obwohl der Gipfel schon in greifbare Nähe gerückt zu sein scheint, zeigen sie Disziplin und werden noch einmal bis ins Basislager absteigen, um Kräfte für den letzten Angriff zu tanken. Schneesturm begleitet ihren Rückmarsch zu Lager IV. Überraschend treffen sie dort auf Wolfgang und Erika, die eigentlich nur Material heraufbringen und dann gleich wieder absteigen wollten. Aber das Spuren durch den knietiefen Schnee vom Ausstieg des Sporns bis herauf zum Lager hat sie so aufgearbeitet, daß sie einen Rückmarsch nicht mehr riskieren wollen. Sie wollen mit ihren Kräften haushalten, und so stellen alle gemeinsam ein zweites Zelt auf und teilen die vorhandene Daunenkleidung untereinander auf. Es wird für alle keine angenehme Nacht.

24. April. 40 Tage und 10 000 km von zu Hause weg. Bin ich krank? Gestern noch bin ich mühelos von Lager I hierher auf 6000 m Höhe gekommen, habe in der Nacht gut geschlafen, auch psychisch fühle ich mich wieder in der Lotrechten. Aber auf dem Weg zum Sporn bringe ich kaum einen Fuß vor den anderen. Jeder Schritt bedeutet Kampf, heißt Überwindung. Es fällt mir unendlich schwer, mir einzugestehen, daß ich nicht mehr weiter kann. Konni muß heute allein gehen. Er versteht mich. Ich quäle mich zurück ins Zelt. Selbst beim Liegen schnappe ich nach Luft; Schmerzen bohren unter den Rippen, steigen vom Kopf in die Augen. Ich habe Fieber, fühle mich hundeelend. Alles vorbei?

Jemand ruft nach mir. Ich schlage die Augen auf und sehe Ang Furba und Ang Sangee breitlächelnd vor mir stehen. Sie sind auf dem Abstieg von oben, wollen möglichst schnell ins Basislager, weil auch sie üble Kopfschmerzen haben. Na, das kann ja noch heiter werden.

Ich liege wach in meinem Schlafsack, aber nur Leere ist in meinem Kopf. Ich weiß, daß ich heute abend mit Werner funken muß, um mir Medikamente verordnen zu lassen. Am Nachmittag raffe ich mich dann auf, ziehe ein paar warme Sachen an und wanke ins Küchenzelt. Ich bin noch nicht ganz fertig mit dem Tee und der Suppe für

Konni, da steht er auch schon im Zelteingang. Er schaut mich an – und jagt mich schimpfend in den Schlafsack zurück. Offensichtlich sehe ich nicht gerade gut aus. Schweigend löffelt Konni seine Suppe, ich schlürfe einen heißen Tee.

„Du, Konni, haben wir eigentlich Sauerstoff dort oben im Lager IV?"

„Ja."

„Wenn ich merke, daß es bei mir schlecht läuft, dann probiere ich es eben mit der Flasche."

Das hätte ich nicht sagen sollen. Konni fährt mich an: „Du spinnst wohl! Kommt überhaupt nicht in Frage! Entweder ohne Sauerstoff – oder gar nicht." Und fügt beschwichtigend hinzu: „Denk doch mal an den Herzog und an den Lachenal. Die haben diesen Berg vor dreißig Jahren auch schon ohne Sauerstoff bestiegen!" Ein wenig schäme ich mich, überhaupt an diese Möglichkeit gedacht zu haben.

Am Abend schildere ich dann Werner meine Beschwerden über Funk und krame die Medikamente aus der Hochlager-Apotheke heraus, die er mir verordnet hat. Es ist jetzt schon klar, daß wir morgen eine Zwangspause einlegen müssen. Am nächsten Mittag wage ich mich dann schon einmal aus dem Schlafsack, die Beine zu vertreten, aber das Ergebnis ist eher deprimierend. Unerwarteter Besuch dann am Nachmittag: Flo kommt im Eilschritt am Lager vorbei, er will rasch runter ins Basislager. Erika, Wolfgang und er sind nicht mehr weitergekommen. Außerdem fühlt sich Erika ziemlich elend. Hat sich denn plötzlich alles gegen uns verschworen? Wir haben ja bald ein halbes Lazarett beieinander! Durch das Fernglas können wir beobachten, wie sich Wolfgang und Erika langsam an der Eiswand abseilen. Ich gehe den beiden entgegen. Erika ist schon sehr erschöpft, hat Schmerzen in der Lebergegend. Ich lade mir ihren Rucksack auf und stütze sie. Konni flößt ihr einen heißen Tee ein. In der Nacht wird es eng. Wie die Ölsardinen liegen wir vier in dem winzigen Zelt. Erika stöhnt, wälzt sich unruhig hin und her. Sie wird doch nicht ernstlich krank sein?

Am nächsten Morgen steigt sie mit Wolfgang ab. Erika wird immer langsamer, sie stürzt häufig, kann sich schließlich nicht mehr auf den Beinen halten. Zuerst stützt Wolfgang sie, dann muß er sie tragen. Kurzentschlossen schneidet er zwei Schlitze für die Beine in den Boden des Rucksacks und setzt Erika hinein. Wolfgang ist zäh wie Leder, wenn es darauf ankommt, und er schleppt Erika mit eisernem Willen hinunter. Zu allem Unglück bricht er noch mit seiner Last in einen Gletscherbach ein; beide sind völlig durchnäßt. Erst am Nachmittag treffen sie auf eine Mannschaft, die gerade im Aufstieg ist. Per Funk wird das Hauptlager benachrichtigt, und ein kleiner Trupp zieht ihnen von unten entgegen, ausgerüstet mit Notfall-Medikamenten und Sauerstoff. Auch unser Arzt ist mit dabei. Über Funk werden wir in den nächsten Tagen auf dem laufenden gehalten. Erika hat einen Rückfall von ihrer überstanden geglaubten Hepatitis erlitten und, schlimmer noch, sie bekommt eine Lungenentzündung. Jetzt ist unsere ohnehin kleine Mannschaft am Berg auf sechs zusammengeschrumpft.

27. April. Dieses Datum ruft in mir Erinnerungen wach: Vor 30 Jahren hatten Couzy, Oudot und Schatz den Übergang vom Thulo-Bugin zum Miristi-Khola entdeckt. Sie nannten ihn später den „Übergang des 27. April", weil er ihnen zum erstenmal den Weg zur Annapurna eröffnete.

Auf den Tag genau 30 Jahre später sind wir zu diesem Zeitpunkt schon im Lager IV, auf 6750 m Höhe. Wir haben die Nacht auf dieser Höhe gut überstanden, wollen uns heute noch weiter in das unbekannte Gelände vorarbeiten. Wir stoßen auf die Spuren von Karl und Klaus, die schon vor ein paar Tagen hier oben waren: Markierungsfähnchen stecken im tiefen Schnee. Wir folgen ihnen bis zu den Fixseilen, die uns über Steilaufschwünge helfen und schnell an den Punkt bringen, wo die beiden umkehrten. Ang Dorje ist in Bombenform, das ist sein Metier, seine Welt. Wie eine Maschine spurt er voraus, treibt den Weg nach vorne. Irgendwann steckt Konni die Skier in den Schnee; der Rucksack ist einfach zu schwer. Ich fühle mich mittlerweile wieder topfit, lade mir die Bretter auf. Wir haben die Hoffnung nicht aufgegeben, einen Teil der Route mit Skiern abfahren zu können. Das Schneetreiben wird immer dichter, Nebelschwaden hüllen uns ein. Wir wissen nicht mehr genau, wo wir sind. In dieser Suppe sieht man kaum noch die Hand vor den Augen. Ans Umkehren denken wir nicht; also hacken wir gerade da, wo wir stehen, eine Plattform in den abschüssigen Hang. Die Kälte kriecht unter die Kleidung, in die Tiefe der Bergschuhe; die Zehen schmerzen. Ich habe Angst um meine Füße, denn schon einmal, vor Jahren, war ich mit blauen Zehen nach Hause zurückgekehrt. Zu fünft kriechen wir ins Zelt; die Energie ist uns jetzt gerade recht. Wir massieren uns gegenseitig die Füße, rücken so nah wie möglich zusammen. Da sitzen wir nun, die großen Bergsteiger Ang Dorje, Maila Pemba, Nima Nuru, Konni und ich, schnattern vor Kälte und sind trotzdem in Hochstimmung. Wir spüren förmlich den aufsteigenden Ehrgeiz, weiter hinaufzukommen. Ich denke nicht mehr daran, abzusteigen, will nur aufwärts, bis zum Gipfel. Voller Ungeduld erwarte ich den Morgen.

Stahlblauer Himmel. Ein umwerfender Panorama-Blick, den es auf keiner Postkarte der Welt gibt: Über den Nilgiri hinweg schauen wir direkt auf den mächtigen Dhaulagiri, hinüber geht der Blick zum kantigen Tilicho Peak, tief unter uns die Grand Barriere, die den Blick von Norden auf die Annapurna verstellt. Wir glauben, jenseits der Grand Barriere ein Dorf ausmachen zu können. Der Blick hängt noch in der Ferne, als wir unser Zelt zusammenpacken und uns langsam auf den Weg machen. Wir schwenken nach Osten; unsere Bewegungen werden immer langsamer, jeder Schritt ist eine Überwindung. Der Höhenmesser zeigt jetzt 7500 m an. Alle paar Meter müssen wir zum Verschnaufen stehenbleiben. Nur Ang Dorje verfügt noch über wundersame Reserven, geht uns voraus. Er hat aus großer Entfernung schon einen Platz für unser höchstes Lager erspäht, der sich für unsere Zelte geradezu anbietet: ein kleines ebenes Fleckchen auf einer Kanzel. Weiter oben, im steilen Gipfelhang, ist kein günstiger Platz für ein Lager auszumachen.

Noch im Licht der untergehenden Sonne ebnen wir eine Fläche für das Zelt, setzen einen roten Kegel in das weiße Einerlei. Unterdessen gehen Maila und Nima Nuru wieder hinunter, der nächsten Mannschaft entgegen.

Tief unter uns steigt schon die nächste Gruppe auf. Karl schleppt zusammen mit Ang Sangee Lasten auf über 7000 m, deponiert sie dort und geht mit unseren beiden Sherpas wieder zurück. Maila und Nima erzählen ihnen, daß das höchste Lager steht, aber auch, daß wir das Zelt von Lager V weiter mit nach oben genommen haben. Gemeinsam kehren sie ins Lager IV zu Klaus zurück. Inzwischen erreichen Flo und Wolfgang das Lager auf dem Sporn. Wir wollen morgen den Gipfel wagen!

30. April. Das Wetter ist unser treuester Bundesgenosse. Gute äußere Bedingungen an diesem Tag, aber die Vorbereitung in dem engen Zelt dauert eine Ewigkeit. Viel zu spät kommen wir weg. Es ist schon fast neun Uhr, als sich Konni mit den Skiern auf dem Rucksack in Bewegung setzt. Wir haben den gesamten Aufstieg im Visier: ein gleichmäßig geneigter Hang von 30 bis 40 Grad Steilheit zieht sich schier endlos hinauf bis zum Gipfelfelsen. 600 Höhenmeter, in dieser Höhe eine unendliche Entfernung. Mühsam bahnen wir uns den Weg, legen eine Spur. Ein Schritt – zwei Atemzüge – ein Schritt, das ist unser monotoner Rhythmus. Ein Blick, ein aufmunterndes Nikken, vielleicht ein angedeutetes Lächeln – das ist alles, wozu wir in der Lage sind. Nach zwei Stunden übernimmt Ang Dorje die Spitze. Wir können seinem Tempo kaum folgen. Irgendwo zwischen 7800 und 7900 m Höhe stekken wir die Ski in den Schnee. Wozu uns noch weiter damit belasten? Der tiefe Pulverschnee ist längst in Bruchharsch übergegangen. Zum Abfahren wäre dieser Untergrund sowieso nicht geeignet. Ich bezweifle, ob ich überhaupt noch einen Schwung zustande brächte, denke einen Augenblick lang an Yves Morin, den Franzosen, der vor einem Jahr bei dem Versuch der ersten Skiabfahrt von einem Achttausender zu Tode stürzte. Ein Schritt – zwei Atemzüge – ein Schritt. Es ist, als ob sich der Kopf längst von den Beinen getrennt hätte, von dieser Maschine da unten, die stapft und keucht, stehenbleibt und wieder weiterstapft. Ich bemerke, daß Konni immer langsamer wird. Wie durch einen Nebelschleier sehe ich weiter oben Ang Dorje. Er wartet auf uns, bindet Konni ein Seil um die

Brust, nimmt ihn an die Leine, versucht, ihn ein bißchen zu ziehen. Wie in Trance gehe ich nach vorne, trete die Spur.

Nach oben, nur nach oben. Ich zähle die Schritte – bis zehn eine Pause. Ich muß es schaffen, ich will es schaffen! Der Höhenmesser zeigt schon knapp 8000 m an, der Gipfelfelsen scheint zum Greifen nahe. Die Zeit verrinnt, es ist, als würden wir auf der Stelle treten. Noch immer haben wir den Gipfelaufschwung nicht erreicht. Ich erwache wie aus einem langen Traum, halte mir die Uhr dicht vor die Augen, lese mühsam wie ein Kind die Zeit: 4 Uhr nachmittags. Es ist zu spät. Entmutigt setze ich mich auf meinen Rucksack. „Konni, es hat keinen Zweck mehr. Wir kommen vielleicht noch auf den Gipfel, aber mit Sicherheit heute nicht mehr zurück ins Lager."

„Ich will auch nicht biwakieren."

„Ang Dorje, was meinst du?"

„No problem! We go to tent! Tomorrow top!"

Er hat leicht reden! Wir kehren um.

Der Abstieg zu unserem Lager ist für mich wie ein Trauermarsch. Ich bin fertig, völlig deprimiert, halte das Annapurna-Unternehmen für gescheitert. Dabei habe ich mich doch so prächtig gefühlt am Morgen! Noch einmal schaffe ich das bestimmt nicht. Aus, vorbei, der Gipfeltraum ist ausgeträumt, die Annapurna hat uns in die Knie gezwungen. Wenigstens war ich auf 8000 m Höhe. Aber das ist im Moment kein Trost für mich.

Ang Dorje dagegen scheint ungerührt. Im Zelt angekommen, macht er den mittlerweile schon obligaten Tee. Er ist rührend um uns besorgt, er scheint in unser Inneres blicken zu können. Der heiße Trank löst ein wenig die Spannung, wir wechseln ein paar Worte. Konni murmelt verloren vor sich hin: „Na, dann müssen wir es eben morgen noch einmal probieren. Das schaffen wir schon."

„Ich glaube nicht, daß ich dafür noch die Kraft habe. Nach dem mörderischen Tag heute schaffen wir das nie, bis oben raufzuspuren. Oder wir kommen gegen Mitternacht auf dem Gipfel an!"

Jetzt schaltet sich Ang Dorje ein: „Wir müssen es noch einmal versuchen! So knapp unter dem Gipfel! It is possible!"

Meine Gedanken schweifen zurück zur Expeditionsvorbereitung, als wir alle Besteigungsversuche gelesen und ausgewertet haben. Ich denke an Mathieu van Rijswick, den Holländer, der vor drei Jahren auch erst im zweiten Anlauf den Gipfel erreichte, aber dann mit Sauerstoff. Und wir haben nicht einmal Sauerstoff übers Lager IV hinaus mitgenommen!

Gegen acht der allabendliche Funkruf ans Basislager. Auch von dort her Zuspruch, Ermunterung, es noch einmal zu probieren. Sie meinen, daß der morgige 1. Mai ohnehin der bessere Zeitpunkt für eine Besteigung sei, am Tag der Arbeit...

Ang Dorje – unser stärkster Freund

Welche Zuversicht er an diesem Abend ausstrahlt! Er ist felsenfest davon überzeugt, daß wir es schaffen! Er weigert sich standhaft hinunterzugehen, bevor der Gipfel erreicht ist. Für mich ein völlig neues Erlebnis, daß ein Sherpa einen solchen Gipfelwillen hat, so klar und unverblümt

Ang Dorje und Nima Nuru, zwei unserer unermüdlichen Sherpas

seine Meinung sagt. Aber wir haben schon in Kathmandu den Sherpas in die Hand versprochen, daß jeder der Mannschaft, gleichgültig ob Deutscher oder Sherpa, seine Gipfelchance haben soll. Wir finden dies nicht mehr als gerecht: Sie arbeiten am Berg genauso wie wir, manchmal auch ein gutes Stück mehr. Und das Erreichen des Gipfels ist auch für sie mit einem Prestigegewinn verbunden, es ist so etwas wie ein Gütezeichen, das mehr wiegt als ein Empfehlungsschreiben. Bei Ang Dorje kommt aber noch der bergsteigerische Ehrgeiz hinzu, der ihn nach oben treibt. Und wenn er erzählt, dann spüren wir, daß wir – gemessen an seiner Höhenerfahrung – die reinsten Waisen-knaben sind.

Schon 1973, gerade 25 Jahre alt, war er mit einer amerikanischen Expedition zum Dhaulagiri unterwegs. Seinerzeit schuftete er noch als Hochträger. Jahre zuvor hatte er als einfacher Träger die Lasten bis in das Hauptla-ger der Expeditionen im Khumbu-Gebiet getragen. Nach der Dhaulagiri-Expedition rückte er vom Hochträger zum Sherpa auf. Am Jurin-Himal, einem Siebentausender in Nachbarschaft des Puthan Hiunchuli, erreichte er als einziger Sherpa das höchste Lager. Zwei Jahre später ist er dann als Sherpa bei der Deutsch-Österreichischen Expedi-tion zum Kangchendzönga-Westgipfel, dem 8438 m ho-hen Yalung-Kang, mit von der Partie. Zehn Tage lang verbringt er ununterbrochen oberhalb der 7000-m-Gren-ze. Fast täglich schleppt er ohne Sauerstoff Lasten auf 7800 m Höhe, darunter auch den Sauerstoff für seine Sahibs. Im Lamjung Himal bekam er bei der japanischen Expedition des Jahres 1976 zum ersten Mal die Chance, einen Gipfel zu besteigen. Ang Dorje nützte sie und erreichte damit seinen ersten Gipfel über 7000 m.

Bei der legendären österreichischen Everest-Expedition der Vormonsunzeit 1978, als Peter Habeler und Reinhold Messner erstmals ohne künstlichen Sauerstoff den höch-sten Berg der Erde bezwangen, stieg er mehrfach zum

Südcol auf. Er erreichte auch das höchste Lager zwischen Südcol und Gipfel auf fast 8500 m, wohlgemerkt auch ohne Sauerstoff. Der Gipfel blieb ihm jedoch bei diesem Unternehmen versagt. Reinhold Messner beschrieb Ang Dorje in seinem Buch „Expedition Endpunkt" als den stärksten Sherpa der Expedition. Noch im gleichen Jahr, bei der europäischen Everest-Expedition unter der Leitung von Dr. Herrligkoffer, konnte Ang Dorje dann sein ganzes Können ausspielen. Sigi Hupfauer, sein Seilgefährte in diesen Tagen, erzählt über ihn: „Ang Dorje hatte schon von Beginn an meine Sympathie. Er war immer noch eine Spur hilfsbereiter, freundlicher und fröhlicher als die übrigen Sherpas, und das heißt schon etwas bei diesem Volksstamm. Einmal sah er mich mit 25 oder 30 kg auf dem Buckel. Er ließ es sich nicht nehmen, mir meine Last zu erleichtern, obwohl die seine dadurch auf gut 35 kg anwuchs. Damit ging er dann schnurstracks bis zum Lager II auf 6400 m."

Bei dieser internationalen Expedition schliefen die Sherpas meist im Lager II. Von dort aus gingen sie ohne Last zum Lager III (7300 m), nahmen dort ihr Gepäck auf und trugen es bis zum Südcol (7986 m). Ang Dorje aber trug wie selbstverständlich von Beginn an, lud am Lager III noch etwas zu, schleppte bis zum Südcol und ging dann wieder zurück ins Lager II.

Vom Südcol aus brach dann die ganze Gruppe zum Gipfel auf. Ang Dorje hatte noch den Tee gekocht, und kurz nach Sigi Hupfauer ging er los. Sein Gepäck bestand aus drei Sauerstoffflaschen, das Stück zu 7 kg. Er selbst ging ohne Sauerstoffmaske. In 8400 m Höhe setzte er eine Flasche als Depot ab und ging dann – immer noch zwei Sauerstoffflaschen auf dem Rücken – bis zum Gipfel! Er war der erste Sherpa, der „by fair means" den Gipfel des Mt. Everest erreichte. Eine ganz große Leistung! Eine „Geste der Großzügigkeit" seitens der Expeditionsleitung, daß ihm und den anderen Sherpas die Chance zu einer Gipfelbesteigung gegeben wurde? So etwas sollte eigentlich selbstverständlich sein!

Ang Dorje wurde mit dieser Bravourtat in ganz Nepal bekannt, und König Birendra von Nepal empfing ihn in einer Privataudienz. Im Frühjahr 1979 war er schon wieder mit Italienern am Manaslu unterwegs. Leider hatte die Expedition keinen Erfolg, aber auch hier drang Ang Dorje bis zum letzten Lager auf 7300 m vor.

Im Herbst 1979 leitete Sigi Hupfauer eine vom DAV organisierte Expedition zum Puta Hiunchuli (7246 m), auch Dhaulagiri VII genannt. Mit Ang Dorje seit den Tagen des Everest verbunden, engagierte Sigi Hupfauer ihn als Berg-Sirdar. Ang Dorje ging in seiner neuen Aufgabe voll auf. Schon beim Anmarsch kümmerte er sich fürsorglich um die Träger, geleitete auch noch den allerletzten am Abend sicher ins Lager. Beim Aufstieg bildete er wieder zusammen mit Sigi eine Seilmannschaft. Sie brachten Versicherungen an allen schwierigen Passagen des Aufstiegs an. Ang Dorje pendelte unermüdlich zwischen Lager und vorderster Spitze, schleppte Nachschub und Versicherungsmaterial heran. Gemeinsam mit Gaby und Sigi Hupfauer brach er zum Gipfel auf. Durch die notwendigen Versicherungsarbeiten für die nachfolgenden Bergsteiger kam das Trio in Zeitverzug. Knapp unterhalb des Gipfels brach die Dunkelheit ein, sie mußten biwakieren. Wie selbstverständlich belegte Ang Dorje einen Außenplatz im Biwaksack. Am nächsten Morgen dann auf dem Gipfel drückte Gaby ihm einen Dankeskuß auf die

Backe und erlebte einen verlegenen Ang Dorje.

Am nächsten Tag war Ang Dorje schon wieder auf dem Gipfel mit einem anderen Teilnehmer. Am Nachmittag ins Lager zurückgekehrt, hatte er die Kraft, nochmals 400 Höhenmeter aufzusteigen, um einer spät absteigenden Mannschaft beim Rückzug zu helfen. Ang Dorje blieb dann einige Tage im Hauptlager und erreichte später mit einer anderen Gruppe zum dritten Mal den Gipfel! Einer der deutschen Teilnehmer gab dann nach der Expedition ein Stipendium für Ang Dorjes ältesten Sohn, damit dieser eine Schule seiner Wahl besuchen kann.

Und mit diesem Ang Dorje liegen wir jetzt hier auf 7500 m Höhe in einem kleinen Zelt. Begeistert erzählt er uns von seinem Haus, das er im vergangenen Winter umgebaut hat, von dem offenen Kamin, von der Schlafnische im oberen Stock. Und natürlich von seinen drei Kindern. Seine Augen funkeln dabei. Der Älteste wird bald in die Schule nach Solu gehen. Ang Dorje bedauert es, daß sein Sohn das Haus verläßt, aber er weiß auch, was eine Schulbildung wert ist. Zu oft hat er es am eigenen Leib erfahren, was es heißt, Analphabet zu sein. Der Weg zu einer „besseren" Laufbahn ist damit für ihn versperrt. Aufgrund seines bergsteigerischen Könnens, seiner Umsicht, seiner menschlichen Qualitäten wäre er der geborene Sirdar. Aber ohne Kenntnisse in Lesen und Schreiben ist das nicht möglich. In Nepal ist man aber recht unkompliziert und hat den Posten des Berg-Sirdars speziell für ihn geschaffen, und der füllt ihn mit Leib und Seele aus.

In der Zeit zwischen den Expeditionen bewirtschaftet er einen kleinen Hof mit einem Nak und zwei Yaks, den traditionellen Lastentieren der Sherpas. Zwei- oder dreimal im Jahr wandert er mit ihnen über die chinesische

Grenze nach Tibet, um dort Handel zu treiben. Wir erfahren zu unserem Erstaunen, daß es sehr viele Grenzgänger zwischen Tibet und Nepal gibt.

Hier am Berg fasziniert uns, wie Ang Dorje mit „seiner Mannschaft" umgeht: kein Befehl, kein lautes Wort, und doch läuft alles wie am Schnürchen. Und auch zu uns hat er sein Verhältnis gefunden: freundlich, zuvorkommend, aufopferungsvoll, aber nie unterwürfig. Er weiß, was er kann, und wir sind froh, solch einen Mann bei uns zu haben.

Der Gipfel

1. Mai 1980. Drei Mannschaften haben heute nacht oberhalb des Sporns genächtigt: Wolfgang, Maila Pemba und Flo auf 6750 m, Karl, Klaus, Ang Sangee auf 7300 m und Konni, Ang Dorje und ich auf 7500 m. Dichtgestaffelt stehen wir unterhalb des Gipfels. Es gibt nur eine Richtung, in der wir uns alle bewegen: nach oben! Dies ist der Tag der Entscheidung, nicht nur für uns.

Wolfgang, Maila und Flo verlassen das Lager IV. Kurze Zeit später überkommt Flo urplötzlich ein Schwächeanfall. Übelkeit und zitternde Knie lassen ihn keinen Meter mehr weiterkommen. Es hilft nichts, schweren Herzens muß er die beiden anderen ziehen lassen, auf einen weiteren Aufstieg verzichten. Unter Aufbietung aller Kräfte schleppt er sich zum Lager zurück. Nun müssen Wolfgang und Maila sich allein durchbeißen; gegen Mittag erreichen sie Lager V.

Auch Klaus, Karl und Ang Sangee brechen an diesem

Konni und Gustav steigen am 29. April 1980 über Lager V hinauf

Morgen zeitig von Lager V auf. Klaus ist scheinbar wieder in bester Verfassung und spurt fast den ganzen Aufstieg über die weiten Schneeflächen hinauf. Knapp unterhalb der langen Querung, die zur Kanzel des sechsten Höhenlagers führt, kauert er sich plötzlich zusammen. Wieder diese Rückenschmerzen! Dazu Erbrechen, Durchfall; ihm bleibt nichts erspart. Er hat sich aufgearbeitet, aufgerieben an der unendlich mühsamen Bahnung unseres Wegs! Er befürchtet, durch seine Krankheit die Gipfelchancen von Karl zu beeinträchtigen. So bitter es für ihn ist, er muß wieder hinunter. Allein quält er sich zurück zum Lager IV, vorbei an Wolfgang und Maila, um mit Flo zusammenzutreffen. Die folgende Nacht macht seine Hoffnung, vielleicht doch noch einmal aufsteigen zu können, endgültig zunichte: Mehrmals muß er aus dem Zelt hinaus. Was das

Am Nachmittag des 29. April 1980 errichten Konni, Gustav und Ang Dorje Lager VI

auf 6750 m Höhe bedeutet, kann eigentlich nur der ermessen, der Ähnliches schon einmal mitgemacht hat. Schlafsack auf – anziehen – aus dem Zelt hinaus in die schneidende Kälte – Hose runter – danach wieder ins Zelt, ausziehen – zurück in den Schlafsack. Und das ganze Spiel in schöner Regelmäßigkeit die ganze Nacht hindurch. Da bleiben keine Reserven für einen neuen Gipfelversuch.

Von den Dramen, wenige hundert Meter unter uns, dem Ende der Träume und Hoffnungen von Klaus und Flo, ahnen wir nichts. Für uns hat der Tag schon um fünf Uhr begonnen. Mit hämmernden Kopfschmerzen erwache ich, schlucke gleich ein Aspirin. Erst einmal will ich vom Aufstehen gar nichts wissen, geschweige von einem Gipfelgang. Die ganze Enttäuschung des gestrigen Tages sitzt noch tief in mir. Aber Konni läßt nicht locker, er redet mit Engelszungen auf mich ein. Na ja, ganz so vieler Überredungskünste bedarf es dann doch nicht, mich zu überzeugen. Ich fühle mich allmählich wie eine Primadonna, die zu

Am 1. Mai 1980 beginnt der Aufstieg zum Gipfel

ihrem Auftritt gebeten werden will – und schon krieche ich aus dem Schlafsack. Ang Dorje hat auch heute wie selbstverständlich schon Schnee auf dem Gaskocher geschmolzen, und halb angekleidet nehmen wir erst einmal einen warmen Schluck zu uns. Und dann heißt es Stück für Stück im engen Zelt überziehen: Polarunterwäsche, darüber dicke Wollunterwäsche, Daunenhose, dicker Pullover, Daunenjacke, Seidenhandschuhe, Walkfäustlinge, Daunenhandschuhe, Wollsocken, Übersocken, Thermo-Innenschuhe, Skischuhe, Mütze, Gletscherbrille. Dann Ersatzhandschuhe, Thermosflasche und Fotoapparat in den Rucksack.

Jede Unaufmerksamkeit kann fatale Folgen haben, ein vergessener Handschuh kann einen Finger, ein schlechtsitzender Schuh eine Zehe kosten. Ich streife mir meine überlangen Daunenhandschuhe über – sie gehen fast bis zum Ellbogen. Dabei denke ich einen Augenblick an das Bild von Maurice Herzog, wie er mit erfrorenen Händen vor dem Zelt steht, gebeugt, um Jahre gealtert vom Gipfel des ersten Achttausenders zurück, darunter die trotzige Unterschrift: „... aber der Sieg ist errungen!" Ich verscheuche das Bild aus meinem Kopf, packe Stück für Stück in meinen Rucksack. Heute müssen wir früher wegkommen, wenn wir eine Chance haben wollen. Um sieben Uhr stehen wir bereit zum Abmarsch, wie Astronauten schauen wir aus mit unseren gepolsterten Daunenanzügen, den klotzigen Stiefeln, den klobigen Handschuhen. Noch einmal kreuzen sich die Blicke, legen wir den Arm um den Freund, dann stapfen wir ein zweites Mal auf das große Ziel zu. Werden wir es heute erreichen?

Ernüchterung schon auf den ersten Metern: Von unseren gestrigen Spuren ist nichts mehr zu sehen, der Nachtsturm hat sie verweht. Wir wechseln uns wieder ab beim Spuren, schnell ist der alte Rhythmus wiedergefunden. Ich habe Angst, heute noch schneller mit meinen Kräften am Ende zu sein. Aber mit stoischer Ruhe stapfen meine Beine durch den Schnee, tragen mich Meter um Meter dem ersehnten Ziel entgegen. Ein Schritt – zwei Atemzüge – ein Schritt, das ist meine ganze Lebensäußerung. Kein Hochgefühl in meiner Brust, keine Euphorie, die meinen Schritt beflügelt, dafür bange Erwartung, zittrige Unruhe, bebende Ungewißheit und dumpfer Trott. Jeder Schritt ein Kampf, mein Körper will stehenbleiben, ausruhen. Mein Herz schlägt mir bis zum Hals, die Ohren sausen, Gedankensplitter sausen durch meinen Kopf. Weiter, immer nur weiter. Ich habe längst vergessen, warum.

Wie ein verlorener Wegweiser ragen unsere Skier aus dem Schnee; unberührt haben sie die Nacht überstanden und künden uns an, daß bald der Punkt erreicht ist, an dem wir gestern zur Umkehr gezwungen waren. Aber heute wirkt das eher als Stimulans auf mich, und erstaunt registriere ich, daß ich ja noch immer weitergehe. Ist heute der Sieg möglich, der Sieg über die Annapurna, der Sieg über uns selbst? Mein Schädel ist wie ausgehöhlt, meine Lunge wie ausgekocht, meine Beine schwer wie Blei. Ich stapfe hinter Ang Dorje her; er leistet heute die Hauptarbeit beim Spuren. Eine Verschnaufpause, ein banger Blick auf die Sonne, an den Himmel: Es ist noch Zeit. Noch...

Jetzt der Gipfelaufschwung, direkt vor uns. Im Zeitlupentempo bewegen wir uns auf ihn zu. Ang Dorje und ich bedeuten uns stumm, daß wir den Weg über die steilen Schroffen nehmen wollen. Sie sind das einzige nackte Gestein weit und breit, alles andere ist unter einem Eispanzer versunken. Konni deutet in Richtung Gipfelgrat, er will lieber links hinüberqueren und dann aufsteigen. Wir werden uns nicht einig. Konni beharrt auf seinem Weg, wir auf dem unsrigen. Da verliert plötzlich Ang Dorje seine Zurückhaltung, zum ersten und zum einzigen Mal herrscht er Konni an: „Ihr deutschen Sahibs prahlt immer damit, was für gute Felskletterer ihr seid! Das ist doch keine Kletterei, das ist Gehgelände!"

Aber Konni ist nicht umzustimmen. Müde schüttelt er den Kopf und dreht ab. Ang Dorje und ich steigen direkt auf. Die Steigeisen kratzen über die Felsen, ich komme ein Stückchen voran, rutsche haltlos wieder zurück. Ein weiterer Anlauf, es geht irgendwie. Das Klettern scheint noch anstrengender zu sein als das ewige Schneetreten vorher. Mein Herz schlägt jetzt zum Zerspringen, die Lungen pumpen im Akkord. Aber so nah vor dem Ziel gibt es keinen Gedanken mehr an eine Umkehr ... Ich wußte bis jetzt noch nicht, daß ich mich selbst so schinden kann, ohne auch nur einen Gedanken ans Aufgeben zu verschwenden. Aber Denken? Eigentlich bewege ich mich nur noch instinktiv, wie in Trance.

Da geht es nicht mehr weiter aufwärts. Das muß der höchste Punkt sein. Völlig überrascht bleibe ich stehen, schaue zurück. Ang Dorje und ich fallen uns um den Hals: Wir sind auf dem Gipfel! Wir haben die Annapurna bezwungen! Ich sehe über den Grat hinab zu Konni, der weiter unten um die letzten Meter ringt. Im Schneckentempo bewegt er sich vorwärts, Schrittchen für Schrittchen.

„Ang Dorje, gib mir das Seil, ich gehe Konni entgegen!"
„No, Gustav-Sahib, I go!"
„Nein, Ang Dorje, laß mich gehen. Konni hat mich heute morgen überredet mitzugehen. Das bin ich ihm schuldig.

Er ist mein Freund."

„Konni-Sahib is my friend too. I go!"

Also steigen wir beide die paar Meter hinunter, greifen ihm unter die Arme, kommen zu dritt wieder am Gipfel an. Jetzt erst bemerke ich den Steinmann neben uns, der von früheren Expeditionen zeugt. Wir lassen unsere Rucksäcke zu Boden fallen. Konni und ich umarmen uns. Ich weiß, daß ich ohne seinen Zuspruch hier nicht mehr heraufgekommen wäre. Ich denke an die vielen Male, bei denen er mir Stütze war.

Mein Blick fällt über den Grat: Die ganze Annapurna-Familie ist um uns herum, Annapurna II, III und IV, die kleineren Geschwister „unseres" Berges, tief unter uns der Fischschwanz des Machapuchare, dazwischen die unheimliche Tiefe des Sanctuary; wir stehen Auge in Auge mit dem Dhaulagiri, der Grand Barriere, schauen zurück auf den Annapurna-Gletscher. Da unten kämpfen jetzt noch unsere Freunde. Sie haben uns den Weg nach oben geebnet, diesem Berg einen Weg abgetrotzt, ihnen gehört der Gipfel genauso wie uns. Es ist ein Sieg der Freundschaft!

Ich kann mich nicht sattsehen. Freie Sicht rundrum. Ang Dorje kramt eine nepalesische Flagge aus seinem Rucksack, zeigt sie uns zum erstenmal. Wir haben keine Fahne dabei, brauchen auch keine. Wir haben diesen Berg nicht für Deutschland, nicht für Bayern bestiegen, nicht für eine Nachwelt, sondern für uns.

Eine Erleichterung hat sich in mir breitgemacht, ein Stück Spannung, die mich hier hochgetrieben hat, ist plötzlich von mir abgefallen. Die Schinderei hat ein Ende, es geht nicht mehr weiter nach oben. Ein ungewohntes Gefühl des Stolzes steigt in mir auf. Ich bin stolz auf mich,

Geschafft!

Ang Dorje und Konni halten die nepalische Flagge

daß ich es geschafft habe, stolz auf unsere Mannschaft, weil die Klammer der Freundschaft mehr bewirkt hat als ökonomische oder nationale Beweggründe.

Neben mir sitzen Ang Dorje und Konni im Schnee. Ich

fühle mich ganz sicher mit ihnen zusammen, habe das Gefühl, uns kann nichts passieren, wenn wir nur zusammenbleiben. Es mutet mich selbst grotesk an, aber ich habe hier auf dem Gipfel so etwas wie ein Gefühl der Geborgenheit.

Eine Stunde sitzen wir nun auf dem höchsten Punkt der Annapurna. Es fällt uns schwer, wieder aufzustehen, aber das Wetter mahnt zum Aufbruch. Trotz Daunenanzug, Sturmhaube und schweren Gamaschen kriecht die Kälte unmerklich unter die Haut. Es mag 25 oder 30 Grad unter dem Nullpunkt haben. Wir müssen das Lager unbedingt heute noch erreichen, nur kein Biwak in dieser Höhe!

Vorsichtig klettern wir die Gipfelrinne wieder hinunter, diesmal zu dritt. Es will mir noch nicht in den Kopf, daß wir jetzt nur noch abwärts gehen müssen. Als wir das Skidepot erreichen, herrscht bereits dichtes Schneetreiben.

Kein Gedanke daran abzufahren. Die Sicht ist gleich Null. Ich bezweifle, daß wir selbst bei guten Verhältnissen abgefahren wären. Zu ausgezehrt sind wir, am Ende unserer Kräfte. Eingehakt stapfen wir einträchtig nebeneinander hinunter. Immer wieder gehen wir in die Knie, fallen widerstandslos hin. Die Lippen sind von der Kälte zusammengepreßt, aber die Augen haben Glanz. Jetzt treibt uns nur noch unser Wille an: Wir müssen zu den Zelten!

Am gleichen Tag, ein paar hundert Meter unter uns: Karl hat zusammen mit Ang Sangee das höchste Lager erreicht. Sie stellen ein zweites Zelt auf, vertäuen es fest im eisigen Untergrund, damit der nächtliche Sturm es nicht flachlegt. An diesem Nachmittag schreibt Karl in sein Tagebuch:

„Während einer der vielen Pausen, die ich zum Verschnaufen einlegen muß, sehe ich drei Punkte im Gipfelbereich. Ich bin überrascht, daß sie sich um diese Zeit noch aufwärts bewegen. Bald erreichen sie auf verschiedenen Wegen den höchsten Punkt. Die Tatsache, daß unser Unternehmen damit gelungen ist, kann mich in meiner Stimmung nicht beeinflussen. Wir stellen unser Zelt auf, legen uns hinein und warten. Beim Finsterwerden sind die drei immer noch nicht da. Es beunruhigt mich, wir stolpern mit Lampen den Hang über dem Lager hinauf, bis wir sie kommen hören. Wie frisch aus dem Bierzelt wanken sie nebeneinander, eingehängt in der Dunkelheit heran. "

Mit dem Feiern wird heute abend nichts mehr. Wir sind todmüde, mit bleiernen Gliedern fallen wir in den Schlafsack. Schlafen, nur schlafen.

Am nächsten Morgen weckt mich das Knattern des Zeltleinens im Wind. Benommen klettere ich aus dem Schlafsack, rüttle an Konnis Schulter und sehe mit Entsetzen, daß seine Finger blau angelaufen sind. Er hat am Abend vor Erschöpfung den Schlafsack nicht mehr schließen können, in der Nacht dann die ungeschützten Finger in der Eiseskälte ... Mein Gott, wir müssen schnell hinunter!

Der Abstieg kostet unendlich viel Kraft. Von Zeit zu Zeit lassen wir uns einfach in den Schnee fallen, uns auszuruhen. Auf halber Strecke kommen uns Wolfgang und Maila entgegen. Ohne Funkgerät in den letzten Tagen hören sie erstmals, daß wir oben waren. Wolfgang freut sich mit uns über den Gipfelerfolg. Und noch mehr freut er sich, als wir ihm sagen, daß Karl in Lager VI zusammen mit Ang Sangee auf sie wartet, um dann gemeinsam einen Gipfelversuch zu unternehmen. Beflügelt steigen die beiden weiter nach oben auf, während wir dem Holländer-Sporn entgegenstapfen. In Lager IV angekommen, verläßt uns der Mut. Wir sind fix und fertig, wollen uns heute nicht mehr über den Sporn abseilen. In unserer Verfassung kann ein einziger falscher Handgriff, ein einziger Fehltritt fatale Folgen haben. Wir kriechen ins Zelt, finden ein gut eingerichtetes Lager vor. Die Höhe hier kann uns nicht mehr allzusehr schaden, also bleiben wir hier. Nur Ang Dorje hält nichts mehr zurück, er will unbedingt hinunter, möglichst rasch ins Hauptlager. Ganz allein seilt er sich über den Sporn ab, trifft in Lager II mit Klaus und Flo zusammen und erreicht am späten Abend das Hauptlager. An einem Tag, in einem Zug von 7500 m bis 4400 m! Die Lagermannschaft empfängt ihn wie einen Helden.

Konni und ich verbringen den Rest des Tages dösend im Zelt. Nur Durst weckt uns wieder auf. Wir schmelzen Unmengen Schnee, trinken den Tee literweise. Ich bemerke, daß die Haut über meinen Armen nicht mehr gespannt ist, sie ist runzlig wie bei einem alten Mann. Wir müssen völlig ausgedörrt sein. Irgendwie haben wir auf der großen Höhe keinen Durst verspürt. Dabei hatten wir uns vorher eingehämmert: trinken, trinken!

Am nächsten Morgen setzen wir den Abstieg fort. Anfänglich geht es ganz gut vorwärts, aber dann kommt wieder diese lähmende Müdigkeit. In den fallenden Querungen hänge ich mich nur mehr mit dem Karabiner ins Seil und rutsche auf dem Hosenboden abwärts. Da, unterhalb der Eiswand, bewegen sich zwei Punkte. Es sind Klaus und Flo, die uns entgegenkommen.

Urplötzlich empfinde ich große Erleichterung. Es ist so, als wäre die Gefahr ausgestanden. Ich freue mich riesig, daß die beiden uns hier abholen, obwohl sie selbst nicht gerade in bester Verfassung sind. Klaus und ich fallen uns um den Hals. Ich kann mich nicht dagegen wehren, ich muß weinen. Wie einem Kind kullern mir die Tränen über die Wangen. Die Spannung, die jetzt von mir abgefallen ist, die unendliche Erschöpfung, die wohltuende Fürsorge der beiden. Es tut gut zu weinen, auch darüber, daß es den beiden nicht vergönnt war, den Gipfel zu erreichen. Wie groß wäre erst die Freude gewesen, wenn auch der Bruder ganz oben gestanden hätte. Ich weiß, wie sehr ihn das schmerzt bei aller echten Freude über unseren Erfolg. Klaus hat großartige Arbeit beim Aufstieg geleistet, unser Sieg über den Berg ist auch sein Werk. Ich erzähle ihm von dem großartigen Panorama, als er schon einen Pudding kocht. Noch ein heißer Tee, und dann geht es weiter. Zu viert steigen wir nun ab. Genauer gesagt, erst einmal steigen nur Flo und Klaus ab. Konni und ich versuchen es mit den Skiern. Aber nach sechs Schwüngen, bei denen wir achtmal wie blutige Anfänger gestürzt sind, schnallen wir die Bretter wieder ab und gehen zu Fuß weiter.

Das Gletscherplateau zwischen den ersten beiden Höhenlagen ist schon so ausgeapert, daß wir alle zusammen an einem Seil gehen. Wir wanken mehr über den Gletscher als wir gehen, Konni torkelt am Ende hinter der Seilschaft her. Seine Fingerkuppen sind mittlerweile von Blasen überzogen. Wir müssen heute hinunter, damit ihn Werner versorgen kann, je früher, desto besser. Wir stolpern in die Dämmerung, in die Dunkelheit. Da, ein Licht, das sich bewegt, auf uns zukommt! Die ganze Mannschaft kommt uns mit Laternen entgegen, begleitet uns im fahlen Schein der Taschenlampen zum Hauptlager. Nima und Chakraman haben aus unseren Pappschachteln einen Triumphbogen gebaut. Die letzten Meter sind wie ein Festzug:

Schulterklopfen, Umarmungen, Gratulationen, ausgelassene Fröhlichkeit. Chakraman überreicht das Geschenk seiner Küche: Zur Feier des Tages hat er eine Riesentorte gebacken, auf die er liebevoll mit Zuckerguß „Annapurna-Top 80 091 m" geschrieben hat. Sein Schreibfehler gibt den Anlaß zu schallendem Gelächter. Die letzte Flasche Rum wird im Meßzelt aufgetischt, es gibt Räucherstäbchen, Kerzen, Briefe aus der Heimat. Es ist wie Weihnachten. Und dann unsere bange Frage: „Was ist mit Karl und Wolfgang?"

Tagebuch von Karl Schrag:

„3. Mai 1980. Wir fangen so früh wie sonst noch nie mit den Aufbrucharbeiten an. Maila Pemba macht gewissenhaft Frühstück, er freut sich auf den Gipfel. Ang Sangee muß erst zum Mitgehen überredet werden. Um 6 Uhr gelingt uns tatsächlich schon der Start, und zwar in der Reihenfolge Maila Pemba, Wolfgang, ich selbst und Ang Sangee. In dieser Reihenfolge bleiben wir auch ziemlich lange. Die Route ist eindeutig. Unter der schmalen Felswand immer nach rechts, dann durch eine Rinne die letzten hundert Meter hinauf zum Gipfel. Der Schnee ist nicht mehr besonders tief, das Steigen am schrägen Hang jedoch sehr anstrengend. Die Entfernung dehnt sich unendlich. Der Grund dafür ist natürlich, daß wir selbst unendlich langsam gehen. Jeder Schritt kostet zwei volle Atemzüge, und alle paar Schritte ist eine Pause fällig. Wolfgang und Maila Pemba bleiben an der Spitze, Ang Sangee und ich fallen zeitweise bedenklich weit zurück. In der letzten Mulde vor dem Gipfelfelsen lasse ich mich in den Schnee fallen, lasse Ang Sangee vorangehen. Damit gebe ich mich beinahe selbst auf. Je länger meine Pausen werden, desto schwieriger gestaltet sich der neuerliche

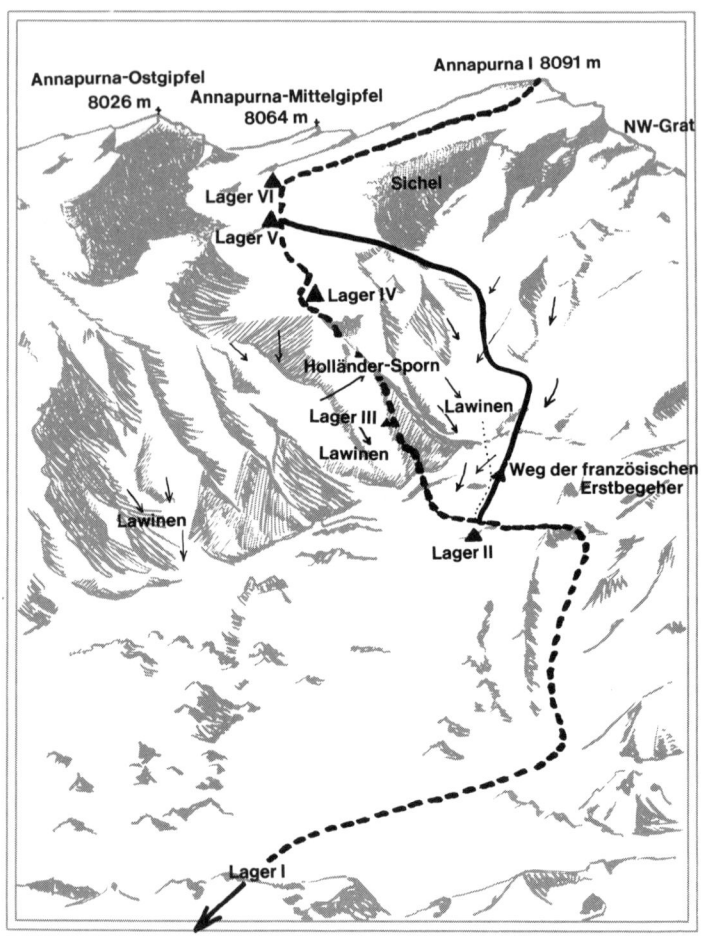

Aufbruch. Wenn die anderen bereits vom Gipfel absteigen und ich noch auf dem Weg hinauf bin, dann ist es aus. Dann komme ich nicht mehr weiter.

Ich krieche fast die Gipfelrinne hinauf und finde das

auch noch selbstverständlich. In den Alpen hätte ich bei solchen Strapazen schon längst aufgegeben. Und plötzlich bin ich oben!

Wolfgang steht herum, hat die Arriflex lässig im Arm, macht aber ein ernstes Gesicht. Die Sherpas freuen sich. Maila Pemba erklärt mir die umliegenden Gipfel, die ich aber sowieso kenne. Aus dem Sitzen drehe ich mich in die Bauchlage, um in die gewaltigen schwarzen Tiefen der Annapurna-Südwand zu schauen. Der Gipfel des Machapuchare, tief unter uns, scheint mir wie in ein milchiges Rot getaucht. Auch der Himmel ist eine Mischung zwischen Grau und Rosa, die dicke Wolkendecke hängt knapp über den Achttausendern. Wolfgang filmt die Sherpas und mich, dann funkt er hinunter ins Hauptlager, meldet unseren Gipfelsieg.

Nach fast einer Stunde wenden wir dem Steinmännchen den Rücken und klettern die Felsen wieder hinunter.

An den Skiern stapfen wir vorbei, wir sind nicht mehr dazu in der Lage abzufahren."

Im Hauptlager freuen wir uns natürlich über diesen Erfolg. Sieben Teilnehmer einer Expedition auf dem Gipfel der Annapurna, das hat es noch nie gegeben! Aber ganz ohne Opfer sind auch wir nicht davongekommen.

Wieder im Basislager

Konni hängt schon an der Infusionsflasche; seine Fingerkuppen sind unter großen Wasserblasen versunken. Erika geht es mit ihrer Lungenentzündung glücklicherweise wieder ein bißchen besser; sie ist schwach, vollgepumpt

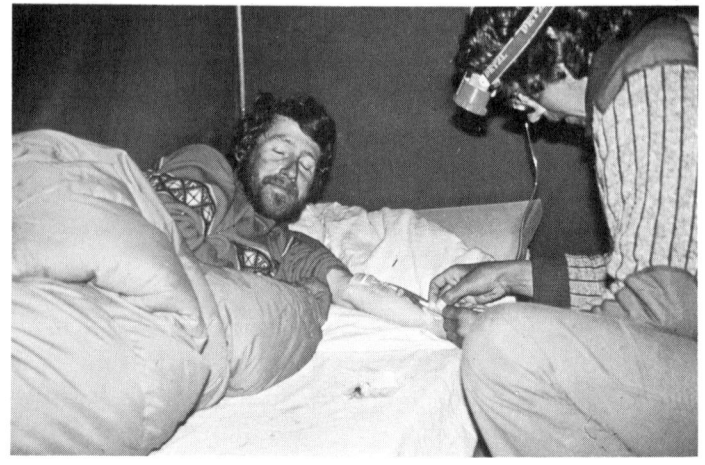

Konnis leicht angefrorene Finger werden noch im Hauptlager mit Infusionen behandelt

mit Antibiotika, Schmerzmitteln und anderen Medikamenten, aber jetzt kann sie wenigstens wieder ohne Sauerstoffmaske atmen. Wir warten jetzt täglich auf den Hubschrauber. Fünf Tage ist es mittlerweile her, daß Werner den Postläufer mit der Botschaft nach Kathmandu geschickt hat. Wie vom Himmel gesandt ist vor ein paar Tagen Erikas Vater hier eingetroffen. Hans Heimrath hat mit einer Trekkinggruppe den ganzen Gebirgsstock der Annapurna umrundet, sich dann in Lethe von seiner Gruppe verabschiedet und ist mit zwei Trägern über den Thulo-Bugin-Paß zu uns aufgestiegen. Und das alles mit 67 Jahren! Liebevoll kümmert er sich um seine Tochter und packt auch sonst mit an, übernimmt Funkdienst und plant einen Landeplatz für den Hubschrauber.

Am nächsten Morgen dann gellt plötzlich ein Ruf

durchs Lager: „Helicopter is coming." Wir springen aus den Zelten und spitzen die Ohren. Ja, es stimmt. Ein leises Brummen, das dann schnell anschwillt. Und da schwebt er auch schon vom Miristi-Khola her ein. Er dreht eine Runde über dem Lagerplatz und setzt dann auf dem von Vater Heimrath präparierten Landeplatz auf.

Captain Sinha, der Pilot, und Girmi, unser Postläufer, klettern heraus. In der Rekordzeit von nur 3 Tagen rannte Girmi bis Pokhara, setzte sich in den Bus nach Kathmandu und meldete exakt 4 Tage nach seinem Aufbruch unseren Hilferuf. Am nächsten Tag gab es dann keine Flugmöglichkeit bei tiefhängenden Wolken, und nun, am sechsten Tag, ist er da.

Der Hubschrauber bringt Erika am 6. Mai 1980 nach Kathmandu

Der Pilot bietet uns an, außer Erika und Hans Heimrath auch noch so viel Gepäck mitzunehmen, wie wir unterbringen können. In aller Eile suchen wir zusammen, was nicht mehr benötigt wird: Sauerstoffflaschen, Seile, Zelte und Kletterausrüstung stopfen wir in den Hubschrauber. Dann tragen wir Erika zur Maschine und betten sie bequem auf den hinteren Sitz. Durch das Fenster reichen wir noch schnell die letzten Briefe, die Meldung vom Gipfel – und dann fliegen sie auch schon in einer großen Schleife Richtung Kathmandu davon. Schade, daß sie so früh aus dem Verlauf der Expedition herausgerissen wurde. Erika Heimrath schreibt selbst darüber:

„Der Weg zur alpinen Gleichberechtigung beim Frauenbergsteigen ist noch weit von der Verwirklichung entfernt, da sich viele Männer immer noch energisch dagegenstellen und sich in ihrer alleinigen Bergherrlichkeit und übertriebenen Ehrsucht angegriffen fühlen, wenn die im Volksmund als ‚schwach‘ abgestempelte Frau dieselben Höchstanforderungen meistert. Beachtliche Schuld tragen aber auch die Frauen selbst, die durch ihr passives Dulden ihre Tauglichkeit in vielen Bereichen selbst in Frage gestellt haben.

Sicher ist die Frau aufgrund ihrer körperlichen Veranlagung mehr für Dauerleistung und Konditionsarbeit als für große maximale Kraftakte geeignet, doch auch diese lassen sich meistens durch erlernte Technik umgehen. Vorurteile und Vorbehalte gegen Frauenleistungen, jetzt speziell im Expeditionsbereich, können nach meiner Ansicht nur solche Männer entwickeln, die offenbar auch im Alltagsleben nicht allzuviel von der Gleichberechtigung halten. Negative Erlebnisse dieser Art bleiben zwar bekanntlich nachhaltiger am Erinnerungsfeld kleben als positive, jedoch wurden meine Ängste diesbezüglich kräftig widerlegt.

Während der ganzen Expedition wurde mir das Gefühl des Gleichgestelltseins vermittelt – die sieben männlichen Expeditionsteilnehmer oder, besser gesagt, Freunde standen völlig selbstsicher zu diesem, für manche so problematischem Thema. Das zeigt schon die Tatsache, daß nicht Stunden darüber diskutiert wurde, sondern allein Praxis überzeugte. Bei extremer körperlicher und geistiger Belastung ist erwiesenermaßen die Schwelle für zusätzliche Spannungen, für Verdrängungsmechanismen aller Arten herabgesetzt – folglich wäre im Laufe unseres Unternehmens eine, wenn vorhandene Antifrauhaltung bestimmt zutage getreten. Über so lange Zeit und unter solch harten, schweren Bedingungen läßt sich eine Grundeinstellung oder Lebenshaltung nicht verbergen. Spannungen müssen gelöst werden, um die Gruppe funktionsfähig zu halten. Mein Erlebnis, restlos zu dieser Gemeinschaft zu gehören, nicht als etwas Außergewöhnliches oder im Gegenteil Minderwertiges betrachtet, behandelt zu werden – in einem Zusammensein, wo jeder dem anderen einen persönlichen Wirkungsraum läßt, jeder auf sich selbst gestellt ist, jedoch keiner das Alleinsein zu fürchten braucht, in dem kein blindes Leistungsstreben, kein destruktiver Ehrgeiz die menschliche Gesinnung zerfrißt, nicht Neid, Haß, Eifersucht zur völligen Zersplitterung führen, sondern wo noch gegenseitige Freude und Spaß existieren – bedrohliche Situationen, persönliche Ängste, Zweifel von der Gruppe aufgefangen werden, das Empfangen und Senden positiver Impulse funktioniert, eben jede Persönlichkeit akzeptiert wurde –, das ist der Komplex an Tatsachen und Gefühlen, die mir diese Expedition zu einer wertvollen

Erfahrung machten. Nichts hat mehr Einfluß auf das Gelingen eines alpinen Unternehmens als der seelische, soziale Zustand eines Bergsteigers, das Gefühl der Geborgenheit in der Gruppe, die Sicherheit, keinen Vertrauensverrat erleiden zu müssen, das stärkende Gefühl der Gemeinschaft zu spüren.

‚Das Wesen der Weisheit ist, sich selbst zu erkennen‘, schrieb Sokrates vor vielen hundert Jahren. Beim Alpinismus findet man eine Palette von Selbsterfahrungsmöglichkeiten; die Suche nach Grenzsituationen, um dadurch sein Leben, sein Ich und Über-Ich tiefer zu empfinden, für kurze Zeit nur man selbst sein zu dürfen, ja zu müssen – die Freiheit der Entscheidung zu haben, ist eine davon. Eine zweite, für mich enorm wichtige Erfahrung, ist mein Verhalten in der Gruppe unter psychisch und physisch hohen Anforderungen – eine Station auf dem mühsamen Weg zur Selbsterkenntnis, den jeder gehen muß. Ein Lernprozeß, um seine eigene Individualität zu akzeptieren; eine Notwendigkeit, die zur Selbstbejahung führt – dem einzigen Zustand, in dem man schöpferisch wirken, ja ‚geben‘ kann. Für mich der Faden zur Zufriedenheit und zum Sinn des Lebens.“

Der Hubschrauber ist entschwunden, Ruhe ist wieder ins Hauptlager eingekehrt. Aber diese Ruhe ist nur äußerlich. Im Grunde unseres Herzens sind wir beunruhigt darüber, daß Karl und Wolfgang noch immer nicht zurückgekehrt sind. Am Tag nach ihrem Gipfelgang haben sie ein letztes Mal versucht, den Plan einer Skiabfahrt zu verwirklichen. Sie versuchten am Morgen, das Skidepot auf 7900 m Höhe zu erreichen. Vergeblich. Sie sind ausgebrannt, schaffen es nicht mehr. Unverrichteter Dinge kehren sie wieder ins

Lager VI zurück, verbringen dort die Nacht. Für Karl ist es nun schon der vierte Tag über 7500 m! Seine Zehen schmerzen, sind blau unterlaufen, die Fingerspitzen sind taub. Es wird höchste Zeit, daß er ins Basislager herunterkommt. Aber die beiden steigen trotz warnender Funksprüche noch einmal auf, um wenigstens die Skier zu bergen. Schon bald kapitulieren sie, die Skier bleiben oben. Wenigstens steigen die beiden heute über den Holländer-Sporn hinunter auf Lager II.

Wieder ist es Klaus, der seinen Rucksack schnürt und den Freunden entgegengeht. Mit dem Fernglas sucht er den Gletscher ab, steigt mit Ang Dorje auf zu Lager I. Keine Spur von den Freunden. Eine kalte Nacht für Klaus und Ang Dorje. Am nächsten Morgen dann, in aller Herrgottsfrühe, geht Klaus weiter nach oben, während die Sherpas schon die Lager abbauen. Der Gletscher hat mittlerweile sein Aussehen völlig verändert; riesige Spalten klaffen, Abgründe haben sich aufgetan. Da, hoch über dem Eisbruch, tauchen die beiden Gipfelstürmer am Horizont auf. Karl fährt trotz Schmerzen in den Zehen mit Skiern ab, und Wolfgang filmt ihn dabei. Er ist nach all den Strapazen noch in erstaunlich guter Verfassung, jedenfalls wenn's ums Filmen geht. Klaus wechselt mit Karl die Skistiefel und übernimmt die Darstellerrolle im Abfahrtsfilm auf 6000 m Höhe. Wolfgang schickt seinen Akteur da und dort hin, über Spalten und an Abbrüchen vorbei, wieder ein Stück hinauf und dann das Ganze noch einmal. Das nennt man sprichwörtliche Berufsauffassung.

Am Nachmittag hält es mich auch nicht mehr im Lager. Im dichten Schneetreiben steige ich ein letztes Mal nach oben. Zuerst noch schemenhaft, aber dann in klaren Umrissen erkenntlich taucht eine Gestalt vor mir auf: Es

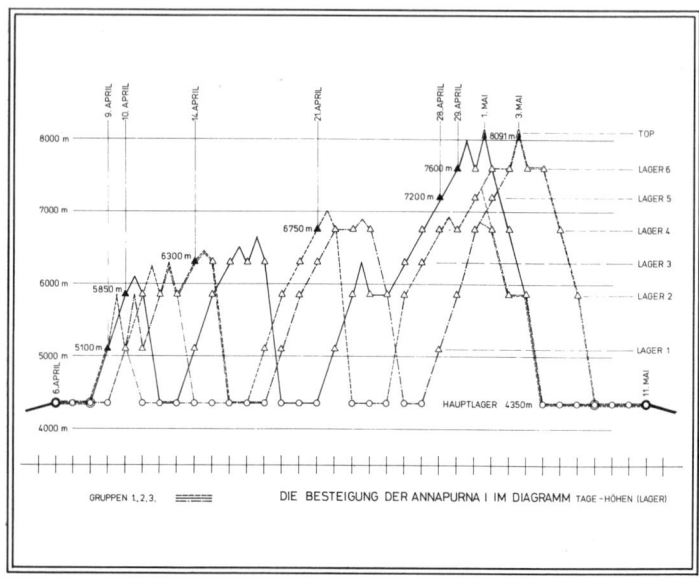

GRUPPEN 1, 2, 3.   DIE BESTEIGUNG DER ANNAPURNA I IM DIAGRAMM TAGE - HÖHEN (LAGER)

ist Karl, der recht müde daherwankt. Wortlos übernehme ich seinen Rucksack, jetzt geht es schon besser. Bald folgen Wolfgang, Klaus und die Sherpas. Zum ersten Mal seit unserer Ankunft vor 5 Wochen sind wir wieder fast vollständig versammelt. Schade nur, daß Erika nicht dabei ist.

Am Abend brennt das Kerzenlicht noch lange in unserem Meßzelt. Selbst Konni mit seinen Erfrierungen an den Fingern wird vom Doktor von der Infusionsflasche abgehängt und hat Ausgang vom Lagerspital. Chakraman tischt ein Festessen auf, eine allerletzte Flasche Rum ist doch noch irgendwo aufgetaucht, die ersten Zigaretten seit langer Zeit.

Bald schon richten sich unsere Gedanken wieder nach

vorne, kreisen um den Rückmarsch, um Kathmandu, das Wiedersehen. Unsere Zeit an der Annapurna ist abgelaufen, mit unseren Gedanken sind wir schon wieder daheim. Wir ahnen nicht, was für ein Abenteuer noch auf uns wartet.

An den folgenden Tagen herrscht fieberhafte Aufbruchstimmung. Die Sherpas holen mit unseren Hochträgern Moile und Moyem das Material vom Berg herunter, wir packen die Kisten zusammen. Der 10. Mai wird als Stichtag für den Rückmarsch festgelegt. Nima schickt einen Mann nach Lethe, um Träger anzuheuern.

Unser Lazarett hat derweil Hochbetrieb; Karl hat Erikas „Bett" bekommen und wird nun infundiert und medi-

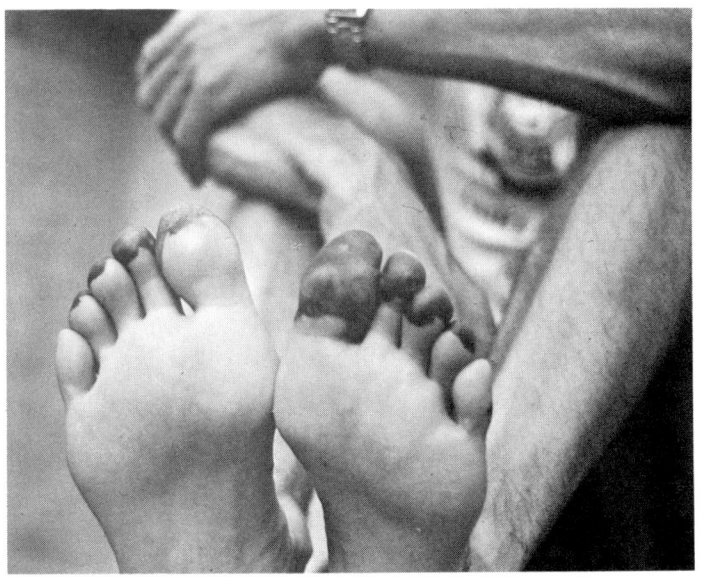

Karl erlitt an den Zehen Erfrierungen 2. und 3. Grades

ziert. Für Werner waren die beiden letzten Wochen die anstrengendsten. Erst Erika, dann Konni, und jetzt ist Karl unter seiner ärztlichen Obhut. Karls Zehen sind mittlerweile tiefblau. Aber er ist noch immer hoffnungsvoll, den Rückmarsch gemeinsam mit uns antreten zu können. Wir lassen uns von seinen Hoffnungen anstecken. Er hat auch guten Grund zu diesem Optimismus: In den nächsten Tagen wird seine Freundin hier im Hauptlager erwartet.

Klaus präpariert für Karl ein Paar „orthopädische Schuhe": Er kappt das Vorderteil des Innenschuhs, um Raum für die bandagierten Zehen zu schaffen. In der einen Hand die tröpfelnde Infusionsflasche, in der anderen einen Skistock als Stütze, so unternimmt Karl seine ersten Gehversuche. Als Werner den makabren Aufzug sieht, trifft fast der Schlag. Zum ersten – und zum letzten – Mal erlebe ich ihn sprachlos. Aber aller guter Wille hilft nichts: In diesem Zustand kann Karl keinen längeren Marsch durchstehen. Girmi Sherpa, unser Postläufer, muß daher ein letztes Mal einen Rettungsflug von Kathmandu aus organisieren.

Wolfgang ist an diesem Tag noch einmal auf Motivsuche, ihm fehlen die Totalaufnahmen von der Nordflanke, auf denen man den kompletten Aufstieg sieht. Mit Klaus als Kamera-Assistenten steigt er 1000 Höhenmeter am Tilicho Peak oberhalb unseres Basislagers auf. Ein letztes Mal filmt er die Nordseite der Annapurna. Es ist die gleiche Perspektive, aus der Marcel Ichac anno 1950 die Erstbesteigung so eindrucksvoll gefilmt hatte. Wolfgang hat allerdings noch mehr im Kasten als Ichac: Er war mit seiner Arriflex auf dem Gipfel!

Wolfgang Brög berichtet:

„Wenn ich jetzt am Schreibtisch sitze und das Filmmaterial anschaue – alles noch ungeordnet: Abstieg, Eisklettern, Kathmandu, Gipfel, Lager, Miristi-Khola, Pokhara – fällt endlich eine große Spannung von mir ab. Alles ist gut geworden. Viele Einstellungen, die ich jetzt am Bildschirm sehe, sind mir nicht mehr in Erinnerung. Aber da sind auch viele Einstellungen, an die ich mich sehr gut erinnern kann, verdammt gut. Man sieht es den Bildern nicht an, wieviel Schmerzen mich das Auftauen der angefrorenen Fingerspitzen nach jedem Umlegen der kleinen 30-Meter-Rollen – 2½ Minuten Film – gekostet hat. Auch nicht die 10 bis 15 kg Mehrgewicht an Kamera und Filmen im Rucksack. Dabei schien er mir am schwersten, als wir von Pokhara losgingen, obwohl er da noch am leichtesten war. Aber mein ‚Vorbereitungstraining‘ bestand halt nur aus Dreharbeiten bei Ertl Hans in Bolivien, und eine Woche vor Expeditionsbeginn noch schnell das halbe Kistenkar und die Alpspitze. Am Gipfelgrat der Alpspitze stand ich dann kurz vor dem Zusammenbruch und sagte mir: Wenn du da jetzt hinaufkommst, schaffst du auch die Annapurna.

Nach unserer Ankunft in Kathmandu beschäftigten mich dann eigentlich die Dreharbeiten, und auf dem Anmarsch – selbst beim Errichten der Hochlager – nahm mich das Filmen so in Anspruch, daß ich fast nie an den Gipfel als etwas Reelles, Erreichbares dachte. Ich war dauernd im Zwiespalt: Einerseits war mir der Gipfel egal; ich sträubte mich innerlich gegen die Gipfelfixiertheit fast aller Bergsteiger. Auf der anderen Seite hatte ich doch einen wahnsinnigen Ehrgeiz, auf den Gipfel zu kommen. Der Grund liegt in meiner Filmerei. Nicht, daß es nicht möglich wäre, einen guten Expeditionsfilm ohne Filmaufnahmen vom Gipfel zu machen, aber ich wollte eben unbedingt auch Gipfelaufnahmen dabei haben.

Es stellte sich während der Expedition heraus, daß ich beim Drehen letzten Endes doch auf mich allein gestellt war. Jeder war halt mit sich selbst beschäftigt, und außerdem waren wir eben eine kleine Expedition und brauchten jeden einzelnen zum Schleppen der Ausrüstung. Es war mir bald klar, daß auch eine Skiabfahrt für mich nicht in Frage kam: Das verdammte Filmzeug war einfach zu schwer. Allerdings wußte ich von Anfang an, daß ich nur mit der Kamera aufsteigen würde. Ohne sie wäre ich nicht auf den Gipfel gegangen.

Als ich dann mit Flo und Ang Furba zum letzten Mal loszog, standen die Zeichen nicht allzu günstig. Einen Tag zuvor hatte ich noch Butzi (Erika) ins Basislager geschleppt; scheinbar ging es ihr etwas besser, und für die Lungenentzündung gab es noch keine Anzeichen.

Meine Kondition war zwar gut, aber auf dem Weg zum Lager II – es hatte viel Neuschnee, und wir mußten spuren – zeigte sich dann, daß Ang Furba mit seinen Kräften am Ende war. Flo und ich mußten den ganzen Sporn durchspuren, und wenn Maila und Nima uns nicht vom Ausstieg des Sporn zum Lager IV eine Spur gelegt hätten, wäre es vielleicht auch mir am nächsten Tag schlechtgegangen. Im Lager IV waren Furba und Nima sehr angeschlagen.

Wir zogen also zu dritt – Flo, Maila und ich – los, und eine halbe Stunde später waren wir nur noch zu zweit, denn Flo mußte umkehren.

Der Weg zum Lager V war so anstrengend und schwer zu spuren, daß ich im nachhinein sagen muß, er war anstrengender als der Gipfel. Zu dem Zeitpunkt war mir sowieso schleierhaft, wie ich auf den Gipfel kommen sollte. Da kam uns noch Klaus entgegengetorkelt, der mir sagte, daß Karl auf uns im Lager VI wartet. Das Kamerazeug im Rucksack war mir mittlerweile schon gar nicht mehr bewußt. Weil ich nur mit 30-Meter-Rollen drehte, mußte ich auch dauernd umlegen, aber eine Kassette für 120 Meter wäre einfach zu schwer gewesen. Das Umlegen war – vor allem in den Morgen- und Abendstunden, wenn das Licht am schönsten, die Kälte aber am größten war, immer mit Schmerzen verbunden. Auf dem Gipfel angekommen – wie gesagt, der Weg zum Lager V war für mich schlimmer –, stellte ich zum ersten Mal einen Filmsalat in der Kamera fest. Es war gerade die eine Rolle vom Gipfelanstieg. In aller Ruhe mußte ich nun die ganzen Filmschnipsel herausfieseln, um eine neue Rolle einlegen zu können. Mittlerweile zogen dicke Wolken auf, und Karl kam auch angekrochen, so daß ich von ihm eine Aufnahme machen konnte. Die Filmerei hier war der reinste Horror; nicht wegen der Höhe, sondern weil alles elektrisch aufgeladen war. Die Haare knisterten, und Funken sprangen von der Suchermuschel ins Auge, so daß eine ruhige Aufnahme fast unmöglich wurde. Von all dem aber kann der Zuschauer nichts wissen, wenn er sich, behaglich in einen Sessel zurückgelehnt, den Film auf der Mattscheibe betrachtet. Er sieht immer nur das Ergebnis, weiß nichts vom Entstehen.

Für mich ist das kein Nachteil; denn die unmittelbaren Erlebnisse sind eben nur jenen vorbehalten, die selbst dabeiwaren. Und deshalb versteht auch kaum jemand, warum man überhaupt so etwas macht."

Durch das unbekannte Tal
des Miristi-Khola

Im ausgeräumten Materialzelt geht es die ganze Nacht hoch her. 40 Träger diskutieren wort- und gestenreich darüber, welchen Weg wir zurück nach Dana nehmen sollen. Für uns gibt es nur einen bekannten Weg, den über den Thulo-Bugin-Paß, auf dem wir auch hergekommen sind. Es gibt zwar eine entfernungsmäßig viel kürzere „Direttissima" durch das Tal des Annapurna-Gletscher-Flusses, aber unsere Vorerkundigungen fielen allesamt negativ aus. Die französische Expedition 1950 bezeichnete das Miristi-Khola-Tal schlicht und einfach als unbegehbar. Eine japanische Annapurna-Expedition hatte vor sieben Jahren eigens einen Vortrupp losgeschickt, um einen Weg durch das Flußtal zu finden; auch diese Gruppe hielt die Schlucht für unpassierbar. Expeditionen in der letzten Vormonsun-Zeit ließen ihr Gepäck per Hubschrauber ins Basislager einfliegen, als kein Träger über den Thulo-Bugin-Paß gehen wollte.

Wir trauen daher unseren Ohren nicht, als wir hören, daß unsere Träger ernsthaft erwägen, durch dieses Tal abzusteigen. Sie haben sich auf dem Marsch zum Basislager wieder durch Schneefelder kämpfen müssen. Da sie den hohen Schnee fürchten wie der Teufel das Weihwasser, wollen sie jetzt lieber durch ein unbekanntes Tal als noch einmal über den Paß. Das heißt, *einige* von ihnen wollen es! Sie behaupten, einen Jägerpfad durch den Tobel zu kennen. Was tun? Wir haben uns nach langer Diskus-

Blick in die tiefen Schluchten des Miristi-Khola

sion auf Anraten von Nima Nurbu Lama entschlossen, die Träger über die Wahl der Route entscheiden zu lassen. Nur eines legen wir von vornherein definitiv fest: Entweder gehen wir alle über den Paß oder alle durch die Schlucht, es gibt keine getrennten Wege.

Was wir zu diesem Zeitpunkt noch für eine salomonische Entscheidung hielten, sollten wir noch einmal bitter bereuen.

Am Morgen überbringt uns Nima die Entscheidung der Träger: Wir gehen durch die Schlucht! Wir nehmen Abschied von unseren Freunden. Karl, Werner und Maila Pemba müssen noch einige Tage hier ausharren, bis der Hubschrauber sie abholt. Die beiden zurückgelassenen Zelte verlieren sich jetzt auf dem riesigen Lagerplatz. Ich möchte nicht mit ihnen tauschen, wir alle sind froh, wieder

Abbruch des Hauptlagers

losziehen zu können, einem neuen Ziel entgegen.

Drei Stunden später passieren wir den Lagerplatz unterhalb des Fang. Eine letzte Chance noch zum Abzweigen, über die normale Route zu gehen. Aber keiner von uns spricht es aus. Und ein wenig reizt es uns doch, in unbekanntes Gelände vorzudringen. Allerdings haben wir so ein unbestimmtes Gefühl in der Magengrube. Stutzig werde ich dann, als zwei Träger ihre Lasten abwerfen und sich von unserer Gruppe trennen. Sie gehen über den Paß zurück, verzichten freiwillig auf einen Verdienst, obwohl es sie schon drei Tage gekostet hat, um überhaupt zu unserem Basislager zu kommen. Gedankenverloren trotte ich weiter flußabwärts; es gibt sowieso keine Wahl mehr: Der Großteil der Träger ist schon hinter der nächsten Flußbiegung verschwunden.

Am Nachmittag überraschen uns dann die Vorboten des nahenden Monsuns. Es regnet wie aus Kübeln gegossen. Die Pfadspuren verlieren sich im abschüssigen Gelände. Durch mannshohe, nasse Sträucher bahnen wir uns den Weg. Die Talwände werden steiler, rücken enger zusammen, zwingen uns ins Flußbett. Dort turnen wir jetzt über Fels und Geröll. Nur zäh bewegt sich der Troß, und plötzlich stoßen wir auf senkrechte Felswände, die uns auf dieser Flußseite den Weg versperren. Wir müssen eine Brücke bauen, aber erst einmal schlagen wir hier unser Lager auf. Mit unserem einzigen Beil roden wir eine kleine Lichtung im dichten Gestrüpp. Die Träger drängen sich ins große Mannschaftszelt. Chakraman und seine Küchenjungen kochen in strömendem Regen einen riesigen Kessel Suppe auf offenem Feuer. Alles kauert sich um den warmen Platz. Beim Abzählen der Lasten stellen wir fest, daß noch einige fehlen. Ang Dorje will es zuerst gar nicht

Der Rückweg durch das unwegsame Gelände wird zur Strapaze

glauben; Nima Nuru Sherpa, den er zum Schlußmann bestimmt hat, ist doch schon seit einer Stunde da! Also suchen wir noch einmal alles durch: Es werden nicht mehr Lasten. Nun braust Ang Dorje auf, und es sind wohl keine Nettigkeiten, die er Nima an den Kopf wirft. Nepalesische Flüche mischen sich bei Ang Dorje mit bayerischen Kraftausdrücken. Nima steht wie ein begossener Pudel da; er hat Ang Dorjes Anweisung nicht befolgt, hat einige Träger hinter sich gelassen. Wortlos dreht er sich um, kramt aus seinem Rucksack eine Taschenlampe hervor und macht sich mutterseelenallein auf die Suche. Es dauert keine fünf Minuten, da packt Ang Furba seinen Rucksack und stiefelt hinterher. Wieder ein paar Minuten später ziehen Nima Nurbu Lama und Moile los, und zu guter Letzt hält es auch unseren guten Ang Dorje nicht mehr. Das Ganze spielt sich wortlos ab.

Mitternacht ist schon lange vorüber. Angeregte Unterhaltung und lautes Lachen wecken mich auf. Ich blinzele durch den Zeltspalt und sehe unsere Sherpas um das Feuer versammelt, allesamt naß bis auf die Haut. Aber munter, ja ausgelassen wissen sie sich offensichtlich Lustiges zu erzählen. Lachsalven ertönen. Nur langsam komme ich hinter den Ablauf der „Rettungsaktion": Nach langem Suchen hatten sie die Vermißten unter einem überhängenden Felsen gefunden, wo die Träger Schutz vor dem Regen gesucht hatten. Ein Träger lag am Boden und krümmte sich vor Schmerzen, neben sich eine leere Flasche. Ang Dorje riecht daran und kriegt einen Lachkrampf; ausgerechnet eine Essigflasche aus der Küche hatte der Arme erwischt. Die Sherpas bergen die Lasten und stolpern bei Nacht und Nebel wieder flußabwärts zum Lager zurück. Dabei rutschte Ang Furba in den Fluß, die Strömung riß den Seesack mit. Nima Nuru, der Geschmähte, sprang hinterher und barg den Seesack. Nun trocknen sie alle einträchtig am Lagerfeuer.

Am nächsten Morgen blitzblanker Himmel. Die ersten Sonnenstrahlen lassen das Tal dampfen. Jetzt trudeln auch die zurückgebliebenen Träger ein. Der „Essigsäufer", wie er fortan gerufen wird, braucht für Spott und Gelächter nicht zu sorgen. Der Arme ist kreidebleich, und ihm ist sicherlich nicht zum Lachen zumute.

Über eine Behelfsbrücke aus Baumstämmen und Felsbrocken wechseln wir zur anderen Flußseite; dort geht der „Weg" weiter. Wir mühen uns durch einen dichten Wald zweihundert Meter hinauf und bleiben dann vorerst einmal mitten im Bambusdickicht stecken. Fußangeln, Lianen – immer wieder verläuft man sich. Noch macht uns die ganze Sache Spaß. Durch das schmale Bett eines Seitenbaches klettern wir wieder in den Talgrund des Miristi-Khola. Mit traumwandlerischer Sicherheit schleppen unsere Träger die schweren Lasten durch das schlüpfrige Gelände. Unten angekommen, legen wir uns erst einmal auf den Kiesstrand und nehmen wie die Sommerfrischler ein Sonnenbad. Vor unseren Augen ein Naturschauspiel: Aus einem Felsschlund schießt das Wasser des Miristi-Khola hervor und stürzt in ein Becken. Unser Blick folgt dem Wasserlauf: Der Fluß muß weiter unten wieder gequert werden. Ohne Gepäck wäre das alles kein Problem. Aber mit den schweren Lasten ist man nicht mehr leichtfüßig genug, braucht sicheren Halt und festen Untergrund. Die steilen Hänge mit ihren freigewaschenen Lehmböden machen uns schwer zu schaffen. Mit Eispickkeln hacken wir Stufen in den harten Untergrund. Dann müssen wir uns wieder an Wurzeln, Lianen und Sträu-

Die Sherpas entwickeln sich zu fast perfekten Brückenbauern

chern weiterhangeln. Zur Überbrückung eines senkrechten Abbruchs fällen wir einen Baum, auf dessen Äste die Träger abklettern können. Das Herz bleibt mir schier stehen, wenn ich sie mit ihrer Zentnerlast über die schmalen Stämme balancieren sehe, zu beiden Seiten gähnender Abgrund. Ich ziehe es vor, hin und wieder die Augen zu schließen. Dieses ewige Auf und Ab, dieses nicht Gehen- und nicht Stehenkönnen, diese Ungewißheit, ob es an der nächsten Flußbiegung überhaupt noch weitergeht – dieser mörderische Tobel macht mich allmählich fertig, arbeitet mich unmerklich von innen her auf.

Vor mir springt Klaus von Fels zu Fels ans andere Ufer. Plötzlich verfängt er sich in einem Spalt, stürzt wie vom Blitz gefällt zu Boden. Nicht auszumalen, wenn sich hier einer ein Bein bricht. Ein Träger rutscht ein paar Meter vor mir vom schlüpfrigen Baumstamm, schlägt ins Wasser. Flo kann gerade noch hinspringen, den Seesack packen, bevor ihn der tosende Fluß mitreißt. Erschöpft und zu Tode erschrocken sitzt der Mann am Ufer. Sein Gesicht ist aschfahl. Am Abend erzählt uns dann Nima, daß dieser Mann noch nie als Träger gearbeitet hat. Er wollte ein solches Unternehmen mal kennenlernen, ging mit seinen Freunden los, und gerät gleich auf eine solche Schreckens- tour.

Die Karawane ist mittlerweile wieder auf die linke Flußseite verschlagen worden. Gott sei Dank ist hier ein schmales Bankett, auf dem wir gut vorankommen. Die Anstrengungen des Tages stehen uns ins Gesicht geschrie- ben. Wir beschließen, auf einer Sandbank unser heutiges Nachtlager zu errichten. Zum Abendessen gibt es Tsampa mit Chili-Soße, eine echte Sherpa-Mahlzeit. Tsampa be- steht aus einem Getreide, das vor dem Mahlen geröstet wird. Das Mehl wir dann mit Wasser zu einem dicken Brei angerührt. Mit den Fingern formt man eine kleine Kugel, die man in die Soße eintaucht.

Die Träger sitzen in kleinen Gruppen zusammen und

Mit den Eispickeln schlagen wir Stufen in die harte Erde der fast senkrechten Wände

kochen sich ihr eigenes Süppchen. Suppe und Tsampa stehen auch bei ihnen täglich auf dem Speisezettel. Nur ein junger Bursche, vielleicht 16 Jahre alt, brutzelt sich etwas in einer winzigen Stielpfanne. Er gehört einer anderen Dorfgemeinschaft an als die übrigen Träger, ist deshalb ein wenig isoliert. Ich nehme mir vor, mich in den nächsten Tagen etwas um ihn zu kümmern.

Zwei Tagesmärsche sind wir erst vom Basislager entfernt, und schon fragen wir ungeduldig, wie weit es noch ist, wie lange wir noch in dieser Schlucht gefangen sind. Die Einheimischen sind sich nicht einig. Die einen behaupten fünf Tage, die anderen sind felsenfest davon überzeugt, daß wir schon morgen die ersten Hütten erreichen werden. Langsam keimt in mir der Verdacht auf, daß keiner, aber auch nicht ein einziger von ihnen hier je durchgegangen ist.

Kurz hinter unserem Lagerplatz bricht das Tal steil ab,

In dem glitschigen Gras retten uns Fixseile vor dem Absturz

Stromschnellen verhindern jedes Weiterkommen im Flußbett. Also wieder hinein in die schlüpfrigen Schrägen,
hinab über seifenglatte Grashänge. Vorsichtig tasten wir
nach einem Tritt, Grashalme sind oftmals der einzige Halt
für unsre Hände. Die Träger, wie an allen schwierigen
Passagen barfuß, krallen sich mit ihren Zehen in jede
Unebenheit ein. Der Schweiß läuft ihnen in Strömen übers
Gesicht. Fast zwei Stunden benötigen wir für eine lächerli-
che Strecke von nicht einmal hundert Metern. Aber es wird
nicht leichter: Felsblöcke in der Größe von Einfamilien-
häusern haben den Talgrund aufgeschüttet. Ein riesiger
Bergsturz muß hier aufgeschlagen sein. Alles ist zentime-
terdick eingestaubt; lange kann dieser Erdrutsch noch
nicht her sein. Staub und Gischt vermischen sich zu einer
glitschigen Masse. Höchste Gefahrenstufe für unsere Träger. Ein Ausrutscher... Ich denke schon gar nicht mehr
an die Folgen. Nackte Angst, Schuldgefühle, Aggression
gegen die „Pfadfinder" unter den Trägern – in meinem
Inneren braut sich Unheilvolles zusammen!

Der Fluß hat sich in vielen Armen diesen Weg durch das
Trümmerfeld gebahnt. Wie die Ameisen schwärmen wir
aus, um einen gangbaren Weg zu finden. Ein haushoher
Abbruch versperrt das Weiterkommen. Am Seil hangeln
sich die Träger abwärts; die Lasten werden von den
Sherpas an einem Strick heruntergelassen. Ein paar Meter
weiter helfen Konni und Klaus bei einer schwierigen
Querung. Jeder Träger muß einzeln hinübergeführt werden. Flo schiebt sie von hinten auf einen großen Stein. Ich
nehme sie auf der anderen Seite in Empfang, reiche ihre
Hand weiter zu Konni, damit sie den Riesenschritt über
das reißende Wasser schaffen. Die Sonne steht schon hoch,
sechs Stunden sind wir nun unterwegs. Der Blick zurück

Einer der vielen unvermeidlichen Drahtseilakte

ist deprimierend: Nicht einen einzigen Kilometer haben wir bisher geschafft und sind schon fast am Ende unserer Kräfte. Ich denke zurück an die letzten Wochen, in denen ich oft am Ende meiner körperlichen Leistungsfähigkeit war, aber wohl noch nie war ich mit meinen psychischen Widerstandskräften so nahe dem Abgrund wie heute. Die Spannung um den Weiterweg, die Sorge um das Leben der Träger, das alles macht mich mürbe. Mir schwindet allmählich der Boden unter den Füßen.

Instinktiv haben jetzt die Sherpas die Führungsrolle übernommen, packen hart an, allen voran Nima Nuru Sherpa. Er will wohl seinen Fehler wieder wettmachen. Schwerbepackt mit Seilen klettert er über die schmalen Felsbänder hinauf. Eine Felsplatte legt sich ihm in den Weg. Nima schwingt seinen Eispickel, hat ihn in einem kleinen Graspolster und zieht sich am Schaft hinauf. Wir schütteln nur mit dem Kopf. Aber es sieht so aus, als ob es da oben ein Weiterkommen gäbe. Nima fixiert ein paar Meter Seil und klettert in halsbrecherischer Manier wieder zu uns herab: „Way is possible. Only some difficult, but no problem!"

Gleich am Einstieg in diese Passage ein heikler Quergang. Die Sherpas fällen einen Baum, lehnen ihn in voller Länge an den Felsen, fixieren notdürftig die beiden Enden mit Seil an kleinen Wacholderbüschen. Die Träger haben alle schon den schmalen Steg gemeistert, als wir nachrükken. Flo steigt als erster auf den Stamm, tippelt vorsichtig nach vorne.

Ein Aufschrei: Das vordere Ende des Stammes hat sich gelöst, fällt nach unten. Geistesgegenwärtig hat Flo beide Hände ans Seil geklammert, hängt jetzt frei in der Wand, 50 m unter sich den Talgrund. Aus den Augenwinkeln sehe ich, an welchem Faden sein Leben hängt: Das Seil ist nur an den Wurzeln von Bambusgestrüpp festgeknotet! Meine Knie werden weich. Glücklicherweise kann sich Flo schnell wieder auf sicheres Gelände retten. Nun bemüht sich Nima, das freie Ende des Stammes wieder heraufzubringen, findet aber keinen Halt. Kurzentschlossen packt er ein paar Dornranken und klettert daran ab. Mit der einen Hand fingert er am Stamm, mit der anderen krallt er sich in diesem kümmerlichen Bewuchs fest. Und dabei stemmt er sich weit nach außen! Klaus und ich schreien wie aus einem Munde: „Halt, Nima, halt! Nein!!!" Aber Nima hört nicht. Selbst Wolfgang, der bisher auch die brenzligsten Situationen filmte, steht wie gelähmt mit der Kamera in der Hand, schafft es nicht, die Linse vors Auge zu setzen, auf den Auslöser zu drücken. Nima hantiert irgendwie den Stamm nach oben, mogelt sich wieder auf sicheres Terrain. Großes Aufatmen – es ist noch einmal gutgegangen.

Wenig später hocken wir alle auf einer kleinen Lichtung in der Runde, aber niemand bringt ein Wort heraus. Auch den Trägern ist das Scherzen vergangen; Unruhe und Angst flackert in ihren Augen. In welches Abenteuer sind wir da gestolpert!?

Jeder von uns schneidet sich einen dicken Stock zurecht, mit dem wir in das dichte Unterholz hineindreschen, um uns durch das Bambusgestrüpp und die Schlingpflanzen einen Weg zu bahnen. Uns voraus der Anführer der Träger, der sein Beil wie eine Machete schwingt. Im Schneckentempo kämpfen wir uns verbissen vorwärts, klatschnaß von einem Regenguß. Unterhalb der Felswand scheint es wieder einmal kein Durchkommen zu geben. Wir versuchen, zuerst über den Felssockel abzusteigen, aber ein Abbruch versperrt den Weiterweg. Also kehrt, müde quälen wir uns wieder hinauf. Es sieht so aus, als müßten wir auf einer schmalen Felskanzel nächtigen. Kein Grashalm, kein Wasser in der Nähe. Dichtgedrängt stehen wir da und beratschlagen.

Da hastet Wolfgang aus der Tiefe der Schlucht zu uns herauf: „Oberhalb des Abbruchs kann man auf einem schmalen Band nach rechts queren. Dahinter ist dann ein kleiner Platz. Zwei Träger sind schon unterwegs; sieht nicht schlecht aus."

Und wieder packt jeder seine Last, steigt talwärts. Das Band ist zwar nur mit viel Phantasie auszumachen, aber für einen Trampelpfad reicht's. Die Hand ans Seil geklammert, auf blanken Fußsohlen, schleppt Nima Nurbu Lama, der Sirdar, nacheinander mindestens 10 Trägerlasten über die heikle Passage. Ein paar Meter weiter stoßen wir auf eine kleine, leicht geneigte Fläche, nicht gerade ideal für ein Lager, aber noch immer besser als die Felskanzel über uns. Wir kappen Bambussträucher und schichten sie kreuz und quer übereinander, um den Platz einzuebnen. Auf diese Matte stellen wir dann unser Zelt, ein bißchen windschief, aber es wird die Nacht schon überstehen. Am Abend sitzen wir um das wärmespendende Lagerfeuer, lassen die Erlebnisse und überstandenen Gefahren des Tages noch einmal im Geiste an uns vorüberziehen.

Der angeblich ortskundige Träger verbreitet Optimismus und Durchhalteparolen. Er meint, daß wir morgen auf *die* Schafweide kommen, die auf dem Weg nach Dana liegt. Aber er findet nur noch wenig Glauben mit seinen Prognosen. Ich habe das Gefühl, in eine Zwickmühle geraten zu sein: Zurück können wir nicht mehr, das wären fünf oder sechs Tage nach Choya, und die Lebensmittel gehen jetzt schon zur Neige. Und weiter vorwärts, durch das „Tal des Schreckens", gibt es da einen Weg? In der Nacht träume ich von einer saftigen grünen Märchenwiese, übersät mit Blumen, mit blökenden Schafen und sanft abfallenden Hängen hinunter ins Tal des Kali-Gandaki, nach Dana.

Der Anblick, der sich uns heute, am vierten Tag in der Schlucht, bietet, läßt alle Hoffnungen auf ein rasches Ende wie Seifenblasen zerplatzen. Eine große Felsplatte hat uns angelockt, versprach einen guten Weiterweg. Dann stellte sie sich mehr und mehr auf, wurde steil und steiler, so daß die Träger ins Rutschen kommen. Wie ein geschlagener Haufen treten wir den Rückmarsch an. „Trauermarsch", murmele ich vor mich hin und finde die Situation noch verfahrener, noch auswegloser als beim gescheiterten ersten Gipfelversuch.

Ich trotte heute am Ende der Kolonne, Ang Dorje ist bei mir. Er ist während der letzten Tage immer wortkarger geworden, wirkt ausgebrannt, saft- und kraftlos. Seine Bewegungen sind zäh, seine Augen stumpf, sein Gesicht ist fahl. Wir wechseln ein paar Worte miteinander. Müde ist er, unendlich müde. Die letzten Tage am Berg haben ihre Spuren hinterlassen. Dazu die Schwüle, die über der engen Schlucht liegt, die sich wie eine Fessel um die Brust legt. Ang Dorje winkt ab; er ist heilfroh, wenn wir die Expedition durch das Miristi-Khola-Tal hinter uns haben. Unverhofft ist der Rückmarsch zu einer Expedition im wahren Sinne des Wortes geworden: Vorstoß ins Unbekannte, zu einem der letzten weißen Flecke auf der Landkarte, in den noch kein Europäer je seinen Fuß gesetzt hat.

Der Dschungel lichtet sich, gibt den Blick frei auf den Unterlauf des Miristi. Einen Steinwurf weiter haben sich die Träger versammelt, schnattern aufgeregt. Nima übersetzt uns: „Offensichtlich gibt es zwei Wege: einen unten durchs Tal, der recht weit sein muß. Dann noch einen anderen, immer leicht ansteigend, aber kurz. Und etwas schwieriger."

Die Träger entscheiden sich für den letzteren Weg. Wir werden schon gar nicht mehr gefragt, aber an diese Statistenrolle haben wir uns bereits gewöhnt. Mit dem Feldstecher suchen wir das weitere Gelände ab: nur abweisende Felsplatten, wilde Abbrüche, abschüssige Grashänge. Ich schüttle den Kopf, kann es einfach nicht fassen, daß es hier weitergehen soll. Nach der Alpenskala wäre dieses Gelände glatt mit dem Schwierigkeitsgrad II–III einzustufen. Also wieder die Seile heraus, aber trotz dieser Fixpunkte sind einige Träger überfordert. Die Stärksten deponieren ihre Lasten auf einem kleinen Plateau und klettern noch einmal hinunter, buckeln die Lasten der Schwächeren auf. Kein Schweiß ohne Preis: Oben wird sofort für den Hilfsdienst kassiert.

Wir hangeln uns am Bambusgestrüpp über ausgesetzte Traversen. Ohne diesen Bewuchs wären wir ohnehin hilflos. Hier entstand Konnis Spruch: „Wo ein Bambus – da ein Weg." Einen abfallenden Quergang wollen Klaus und Flo mit Seilmaterial versichern, aber die ersten Träger hinter ihnen lassen sich nicht aufhalten, sie schieben sich einfach an unserer Vorhut vorbei und queren freihändig hinaus. Da stockt plötzlich der Zug: Der erste Träger kommt nicht mehr weiter. Blitzschnell schneidet er eine biegsame Bambusgerte ab und bindet sie an einen mächtigen Wurzelstock. Mit beiden Händen greift er nun das „Bambusseil" und hangelt daran weiter. Nach ein paar Metern läßt er die Gerte sausen, der nächste Träger ergreift sie und pendelt hinüber. Ich reihe mich ein, schaue einfach nicht mehr nach vorne zu dieser halsbrecherischen Balancetour am Rande des gähnenden Abgrunds. Ich kann nicht mehr hinschauen, meine Nerven sind zum Zerreißen gespannt. Tränen steigen mir in die Augen. Am liebsten würde ich wie ein störrischer Esel stehenbleiben, verweigern, keinen Schritt mehr vorwärts tun. Aber die Träger schieben mich weiter, und willenlos lasse ich mich treiben.

Nur wenig später verlassen wir dann das Dickicht, mühen uns über kohlrabenschwarzes, schmieriges Erdreich aufwärts: abgebrannte Hänge. Die Kolonne hat sich jetzt auseinandergezogen, die letzten Träger sind schon zurückgefallen. Weit und breit kein geeigneter Lagerplatz in Sicht, nur ein kleiner Felsvorsprung bietet sich an. Wenn wir jetzt noch weitergehen, erreichen uns die letzten Träger sicherlich nicht mehr vor Einbruch der Dunkelheit. Konni gibt zu bedenken, daß wir schon wieder ohne Wasser sind. Aber Nima meint: „No problem. We send for." Und tatsächlich sind keine fünf Minuten vergangen, da packt einer der Träger den Kanister, macht kehrt und steigt 400 Meter ab bis zum letzten Bach, den wir gequert haben. Es ist schon Nacht, als er zurückkommt. Mittlerweile hat Chakraman schon ein paar Liter Tee zusammengebraut: mit der Einmalspritze aus unserer Apotheke hat er Wasser aus Pfützen und Lachen gesammelt, den Schmutz ein wenig absetzen lassen und dann einen Tee gekocht, der hervorragend schmeckt. An das bißchen Dreck haben wir uns eh längst gewöhnt; wie die Kühe haben wir heute die abgebrannten Hänge nach Bambussprößlingen abgeweidet. Wir haben es den Trägern abgeschaut. Und nun sehen wir alle aus wie die Köhler. Chakraman kramt nach Eßbarem in den Körben; die Ausbeute ist mager. Heute abend gibt es nur eine Suppe, einen zweiten Aufguß vom Tee. Unsere Vorräte gehen zu Ende, die Träger haben fast nichts mehr zu beißen. Wir teilen unsere letzten Lebensmittel mit ihnen. Wenn wir nicht bald eine Ansiedlung erreichen, können wir das Jagen und Sammeln anfangen. Will denn dieses verfluchte Tal kein Ende nehmen? Wir haben zwar unterwegs den einen oder anderen gekappten Ast gesehen, auch einmal eine Feuerstelle, aber kein einziges menschliches Wesen ist uns begegnet, allen wortreichen Beteuerungen unseres Anführers zum Trotz!

„Für mich war der noch nie in diesem Tal."

„Ich glaube schon, daß er hier war. Aber ohne Gepäck,

höchstens mit einem Gewehr. Dann geht's natürlich, wenn man keine 30 kg auf dem Buckel hat."

„Selbst wenn er je hier war, hat er ein verdammt schlechtes Gedächtnis und null Zeitgefühl. Seit drei Tagen verspricht er uns nun diese Schafweide, tomorrow sure!"

„Wenn wir morgen endlich..."

Wenn, ja wenn. Unsere Gespräche kreisen um die ominöse Schafweide, den Ausstieg aus dieser Hölle. Seit Tagen beschäftigt uns diese Schlucht. Die vorherigen Erlebnisse, der Gipfel, die Lawinen, alles tritt vor den gegenwärtigen Problemen zurück. Kein einziger Gedanke bisher an die zurückgelassenen Freunde, die wahrscheinlich noch immer da oben schmoren. Bisher kein Hubschraubergeräusch, das uns ihren Rückflug gemeldet hätte.

Vor Sonnenaufgang Aufbruch mit knurrenden Mägen. Ein Schweigemarsch, der sich in der steilen Flanke verliert. Ist das der ersehnte Durchbruch? Die Hoffnung ist ein guter Geselle, und wir steigen rasch bergauf. Nebelschwaden reißen jetzt auf, gewähren einen prüfenden Blick in die Tiefe: wieder nichts. Vor uns ein neues Seitental. Es hilft nichts: Wir müssen dort hinunter. Im Schneckentempo abwärts, 200 oder 300 Höhenmeter, über Grasnarben und brüchiges Gestein. Im Talgrund dann frisches Quellwasser; eine Portion Tee ist unser Frühstück. Nach und nach trudeln die Träger ein. Die ungeheuren Strapazen der letzten Tage sind ihnen ins Gesicht geschrieben.

Lange hält es uns hier nicht; wir haben keinen Blick für die Schönheiten des Tals, der Hunger treibt uns weiter. Ang Dorje geht voraus. Mit wilder Entschlossenheit bahnt er den Weg, geradeso, als wolle er ein Ende erzwingen. Aber der Grat, auf dem wir uns bewegen, will kein Ende nehmen. Unruhig stolpert jeder weiter, so schnell er kann. Tief in unserem Unterbewußtsein spüren wir, daß wir es bald geschafft haben, geschafft haben müssen. Ein letzter Aufschwung über einen Felsrücken – und da liegt sie anmutig vor uns, die langersehnte Alm. Eine Weide aus saftigem Grün, selbst Blumen da und dort. Träume ich, oder ist das Abenteuer wirklich zu Ende? Wir werfen unsere Lasten ab, fallen ins Gras, sind selig. Die Erlösung nach fünf Tagen zermürbendem Marsch, nervenaufreibender Suche, lähmender Angst und vager Hoffnung. Es ist geschafft!

Noch sind wir 3200 m hoch, aber die Gedanken sind schon längst ins Tal vorausgeeilt. Das vertraute Lachen der Träger dringt jetzt wieder an mein Ohr; wie sehr habe ich diese Fröhlichkeit in den letzten Tagen vermißt. Einige Träger singen, hüpfen jodelnd über die Weiden, als hätten sie nur einen Frühstücksbeutel auf dem Rücken. Auch mein Schritt ist leicht geworden; beflügelt geht's zu Tal. Unterwegs zaubert Chakraman mit großer Pose das letzte Paket Knäckebrot hervor – das allerletzte.

Dana, 1300 m hoch im Kali-Gandaki-Tal gelegen, Ausgangspunkt und Ziel. Auf einer Bastmatte in der Teestube, eine Flasche Bier in der Hand, strecken wir alle viere von uns. Der Alkohol steigt uns rasch zu Kopf. Ich kauere mich in eine Ecke. Am nächsten Morgen wache ich dann im Zelt wieder auf. Die Sherpas haben auch nach diesem anstrengenden Tag pflichtgetreu ihre Arbeit getan!

Wer will es den Trägern verdenken, daß sie nicht mehr bis Pokhara mitgehen wollen? Sie haben härteste Arbeit geleistet. Der Abschied ist herzlich, die letzten Tage haben uns ein Zusammengehörigkeitsgefühl vermittelt. Fast bis zum letzten Hemd schenken wir alles her, was noch von

Am fünften Tag erreichen wir endlich einen Weg, der nach unten führt

der Expedition übriggeblieben ist. Ein bißchen Wehmut überkommt uns, als einer nach dem anderen mit vielen Verbeugungen und guten Wünschen von dannen zieht und langsam aus unserem Blickfeld entschwindet. Am 16. Mai 1980 spazieren, ja richtig: spazieren wir das Kali-Gandaki-Tal hinab nach Tatopani. Zwanzig Maultiere traben mit dem verbliebenen Gepäck vor uns her. Wir wandern nebeneinander, nützen die ganze Breite des Weges. Unsere Gespräche kennen nur ein Thema: die Expedition durch die Miristi-Khola-Schlucht. Nirgendwo wird diese Durchquerung als „Erstbegehung" geführt werden, und wenn irgendwo darüber berichtet wird, dann – so sind wir uns einig – sollte der Hinweis nicht vergessen werden, daß der Weg einer Expedition zum Annapurna-Base Camp über den Thulo-Bugin-Paß und nirgendwo sonst führt. Weil es über den Paß schneller und vor allem sicherer ist, ohne das Leben der Träger unnötig zu gefährden. Dieses halsbrecherische Unternehmen Miristi-Khola sollte niemals eine Wiederholung erfahren. Nie.

Heimwärts

Ein bunter Troß zieht über die Höhen des Ghorepani-Passes. Maulesel mit farbenprächtigem Kopfschmuck, die Sherpas mit ihren leuchtend roten und blauen Rucksäcken, wir mit frisch gewaschenen weißen Hemden und ausgebeulten Jeans. Die Sherpas gehen nur noch von Teestube zu Teestube. Chang heißt mittlerweile ihr Grundnahrungsmittel. Wem das Herz voll ist, dem läuft der Mund über: So erzählen sie immer wieder von unserer Expedition, davon, daß drei von ihnen den Gipfel erreicht haben, und natürlich von dem Rückmarsch durchs Miristi-Khola. Die einheimischen Gurkhas vernehmen staunend die Heldentaten und versäumen nicht, den Wortschwall durch eifriges Nachgießen von Chang am Sprudeln zu halten. Wir anderen Gipfelstürmer geben eher ein klägliches Bild ab: fünf von ehedem acht sind noch beisammen, Konni mit erfrorenen Fingerkuppen, die sich inzwischen geschält haben und eine pinkfarbene Glanzhaut besitzen, ich humple mit leicht angefrorenen Zehen daher, leide unter Durchmarsch, und Flos Hinterteil ist mit Schrunden übersät, er kann weder stehen noch gehen. Ein Bild des Jammers.

Kurz hinter Tatopani ist Isabella, Karls Freundin, zu uns gestoßen. Sie wußte zu berichten, daß am gleichen Morgen im nahegelegenen Sika ein Helikopter gelandet war, in dem nach Auskunft der Einheimischen zwei bärtige Europäer saßen. Kein Zweifel, das müssen Karl und Werner gewesen sein, obwohl man Werners Haare im Gesicht nicht unbedingt als Bart bezeichnen kann. Mein Gott, die armen Kerle haben also bis heute warten müssen, exakt sieben Tage nach unserem Rückzug vom Hauptlager.

Zwei Tage später erfahren wir dann aus erster Hand, wie es den beiden dort oben in der Einöde erging. Bei Kukhura, Chau chau und Tanako terkari (nepalesisches Huhn mit Nudeln und Bambussprossen) erzählen die beiden genüßlich von den sieben Tagen Einsamkeit. Es ist ihnen auch nicht viel anders als uns ergangen: am zweiten Tag das letzte Stück Margarine, am dritten Tag der letzte Löffel Marmelade, am vierten Tag die letzte Scheibe Brot. Sie

In dieser Einöde mußten die beiden Zurückgebliebenen ausharren

hatten am Ende nur noch Maismehl, aus dem zu jeder Mahlzeit Chabati gebacken wurde. Am letzten Abend hatten sie beschlossen, bis Freitag, den 16. Mai, 12 Uhr auszuharren. Anschließend hätten sie trotz erfrorener Füße über den Thulo-Bugin-Paß steigen müssen, weil sie einfach nichts mehr zum Essen hatten. Am siebten Tag nach Entsendung des Postläufers, gegen 10 Uhr, zwei Stunden vor Ablauf der Frist, schwebt dann der Hubschrauber über dem Miristi-Khola-Tal ein. Mag sein, daß Chang, der auch heute wieder in reichlichen Strömen fließt, manche Zeitspanne zusammenschmelzen, manche Lebensmittel noch knapper werden läßt. Aber die beiden wissen durchaus glaubhaft zu machen, daß diese sieben Tage allein am Fuß eines Achttausenders, gefesselt an zwei winzige Zelte, stündlich das ferne Knattern der Propeller erwartend, auch eine Erfahrung besonderer Art ist. Außerdem gingen Werner nach und nach die Infusionsflaschen, Kanülen, Spritzen und Tupfer aus, so daß er mit dem verbliebenen medizinischen Gerät mehr oder minder erfolgreich improvisieren mußte, um Karls Erfrierungen angemessen versorgen zu können. Aber die beiden haben sich schon wieder gut akklimatisiert, und natürlich fiel unserem Doktor ein Stein vom Herzen, als er Erika hier in Kathmandu zwar geschwächt, aber genesen, vorfand. So erzählt jeder seine Geschichten bis tief in die Nacht hinein. Erika und ihr Vater wissen ein Lied von nepalesischen Krankenhäusern zu singen, und wir sind natürlich mit unseren Gedanken noch immer nicht aus der wilden Schlucht heraus. Zum ersten Mal seit dem 6. April ist die komplette Mannschaft wieder zusammen – es ist ein kleines Fest.

Am nächsten Morgen bin ich dann zum Rapport ins

Ministerium bestellt. „Heute nicht, kommen Sie morgen. Nur die Gipfelsteiger", werde ich knapp beschieden. Das ärgert mich; auch hier scheint nur der äußerliche Erfolg, nicht die gemeinsame Sache zu zählen. Später in Deutschland sollte es uns nicht viel anders gehen; die Fotografen wollen Gruppenbilder aber bittschön nur mit den Gipfelsteigern, höchstens noch mit Erika und unserem Maskottchen, einem zwei Wochen alten kleinen Tibeterhund, aber mehr geht nicht. Sie verstehen doch schon... Und mir werden als Aufmerksamkeit vier Bierkrüge geschickt, für jeden Gipfelsteiger einen, während die anderen aus der hohlen Hand trinken dürfen. Nun ja, wir hätten es eigentlich auch nicht erwarten dürfen, lösen die Probleme auf unsere Art und verlosen die Geschenke.

In Kathmandu naht die Stunde des Abschieds. Noch einmal kommen sie alle zum Flughafen. Ang Dorje, unser stärkster Freund, Maila Pemba und Ang Sangee, die Seilgefährten, Ang Furba und Nima Nuru, die treuen Begleiter am Berg, Nima Nurbu Lama, das Organisationsgenie, Chakraman, der Chef der fliegenden Himalaya-Küche, Tashi-La, die junge Tibetanerin, die für uns die Fäden in Kathmandu zog. Sie haben die traditionellen Khataks, die weißen Ehrenschleier, und farbenprächtige Orchideenkränze mitgebracht, die sie uns überreichen. Eine letzte Umarmung, ein letztes Namasté, und wir sitzen wieder in einem Silbervogel der Royal Nepalese Airlines, der uns nach Neu-Delhi bringen wird. Ein bißchen Wehmut steigt in uns auf, vermischt mit der freudigen Erwartung des Wiedersehens in Deutschland. Ein letzter Blick auf die Bergketten des Himalaya, auf die Annapurna, den Dhaulagiri und den Machapuchare. Ich glaube, nicht recht zu hören: Da werden schon wieder

Nach zehn Wochen trifft die Expedition wieder in München ein. V. r.:
Klaus Harder mit Tochter Katrin, Erika Heimrath, Gustav Harder,
Wolfgang Brög, Konni Staltmayr, Thomas Hummler, Karl Schrag,
Werner Müller-Esterl

neue Pläne für die Alpen, vielleicht sogar für das nächste
große Unternehmen geschmiedet.

Als gute Freunde sind wir vor drei Monaten zur Annapurna gefahren. Als noch bessere Freunde sind wir von der
Annapurna zurückgekehrt.

Annapurna I –
Chronologie 1950 – 1980

Nur einmal, vor dreißig Jahren, erschien der Name des Berges Annapurna in den Schlagzeilen der Zeitungen in aller Welt: Am 3. Juni 1950 wurde er als erster Gipfel über achttausend Meter Höhe von den beiden Franzosen Maurice Herzog und Louis Lachenal erstiegen. Dann wurde es wieder ruhig um den zehnthöchsten Berg der Erde.

Als wir unseren Antrag auf Besteigungsgenehmigung für die Annapurna I stellten, wußten wir nur von ganz wenigen Expeditionen in diesem Berg. Erst durch ausgiebige Recherchen erfuhren wir, daß sich doch schon eine ganze Reihe von Expeditionen an der Annapurna versucht hatten. Mit großem Erstaunen – und mit zunehmender Skepsis unserem geplanten Unternehmen gegenüber – hörten wir von der grausamen Besteigungsgeschichte. Vor uns waren 15 Expeditionen an diesem Berg unterwegs, siebenmal ist er bezwungen worden – aber 14 Menschen ließen dort ihr Leben.

Nach unserer Rückkehr versuchen wir, Einzelheiten über die früheren Expeditionen zu erfahren und baten die damaligen Leiter um Informationen. Dazu arbeiteten wir einen Fragebogen aus, den wir an diese Expeditionsleiter verschickten. Die Anschriften wurden uns dankenswerterweise von Mrs. E. Hawley aus Kathmandu zur Verfügung gestellt.

Wir hatten Glück, von den meisten Expeditionsleitern erhielten wir den ausgefüllten Fragebogen zurück und bekamen damit exakte Angaben über die einzelnen Unternehmen. Zusätzlich sammelten wir die Informationen aus den Veröffentlichungen in den Jahrbüchern „American Alpin Journal" (USA), „Alpin Journal" (England), „Himalaya Journal" (Indien) sowie in den verschiedenen Jahrgängen der Zeitschrift „Alpinismus" (BRD).

Die Besteigungsgeschichte der Annapurna I 8091 m

Jahr	Land	Leiter	Besteigung
1950 Frühjahr	Frankreich	M. Herzog	1. Besteigung (N-Flanke) M. Herzog L. Lachenal
1965 Frühjahr	Deutschland	G. Hauser	Gangapurna 7426 m (1. Best.) Glacier Dôme 7142 m (2. Best.)
1969 Frühjahr	Deutschland	L. Greissl	Ostgrat bis 7516 m Roc Noir 7516 m (1. Best.)
1970 Frühjahr	Großbritannien Nepal	M. W. H. Day	2. Besteigung (N-Flanke) M. W. H. Day G. F. Owens
1970 Frühjahr	Großbritannien	C. Bonington	3. Besteigung 1. Beg. der Südwand D. Haston D. Whillans
1973 Frühjahr	Japan	S. Tsukamoto	–
1973 Herbst	Italien	G. Machetto	–
1974 Frühjahr	Spanien	J. M. Anglada	1. Besteigung des Ostgipfels (8026 m) J. M. Anglada E. Civis J. Pons
1975 Frühjahr	Österreich	G. Gantner	–
1977 Herbst	Niederlande	A. V. Stuart	4. Besteigung (N-Flanke) M. v. Rijswick Sonam Sherpa

1978 Frühjahr	Österreich	E. Gritzner	–
1978 Herbst	USA	A. Blum	5. Besteigung (N-Flanke)
			V. Komarkova
			I. Miller
			Chewang Rinzing Sherpa
			Mingma Tsering Sherpa
1979 Frühjahr	Frankreich	B. Germain	6. Besteigung (N-Flanke)
			Y. Morin
			H. Sigayret
			1. Skiabfahrt
1979 Frühjahr	Japan	H. Yagi	7. Besteigung (N-Flanke)
			S. Tanaka
			Pemba Sherpa
1979 Herbst	USA	R. Wilson	–
1980 Frühjahr	Deutschland	G. Harder	8. Besteigung (N-Flanke)
			G. Harder
			K. Staltmayr
			Ang Dorje Sherpa
			9. Besteigung (N-Flanke)
			W. Brög
			Maila Pemba Sherpa
			K. Schrag
			Ang Sangee Sherpa
1980 Herbst	Deutschland	L. Greissl	1. Besteigung des
			Mittelgipfels (8064 m)
			L. Greissl
			U. Böhning
			H. Oberrauch

Vor 30 Jahren

Die erste Besteigung eines Achttausenders

Im Sommer des Jahres 1949 ging in alpinen Kreisen
Frankreichs das Gerücht von einer bevorstehenden Himalaya-Expedition um. Lucien Devis, in dessen Händen zu
jener Zeit die Leitung des französischen Alpinismus lag,

verfolgte dieses Ziel beharrlich. Devis war 1949 Vorsitzender des Club Alpin Français, der Fédération Française de la Montagne und der Groupe de Haute Montagne. Er hatte 1936 selbst an der bisher einzigen französischen Himalaya-Expedition teilgenommen. Damals versuchten die Franzosen unter der Leitung von Henry de Ségogne den 8068 m hohen Hiddenpeak im Karakoreum zu besteigen, blieben aber ohne Erfolg. Teilnehmer der damaligen Expedition waren so berühmte Bergsteiger wie Pierre Allain, J. Leininger, L. Neltner, Marcel Ichac und Lucien Devis.

Dieser bisher einzigen französischen Expedition standen zehn oder elf englische, nahezu ebenso viele deutsche, vier oder fünf italienische und drei amerikanische Versuche gegenüber, Berge im Himalaya zu besteigen. Seit Kriegsende hatte der Alpinismus in Frankreich einen ungeahnten Aufschwung erlebt. Eine breite Spitze von hervorragenden Bergsteigern machte durch aufsehenerregende Unternehmungen von sich reden. Fast alle großen und schwierigen Routen, die vor dem Krieg von Österreichern, Deutschen und Italienern eröffnet worden waren, wurden jetzt erneut von den Franzosen begangen. Am bekanntesten wurde wohl die Zweitbegehung der Eiger-Nordwand durch Lachenal und Terray. Aus diesem großen Reservoir hervorragender Alpinisten müßte sich, so war die Meinung von Lucien Devis, eine außergewöhnlich starke Mannschaft bilden lassen.

Ein Organisationskomitee unter der Leitung von Lucien Devis bestimmte dann die Teilnehmer mit dem Ziel, daß es eine ausgeglichene Mannschaft werden sollte, die neben hohem technischem Können auch die nötigen charakterlichen Eigenschaften besaß. Es war eine schwierige Aufgabe, die sich die Mitglieder des Komitees gestellt hatten.

Manche, in technischer Hinsicht bemerkenswerte Bergsteiger kamen nicht in die enge Wahl, wenn übermäßiger Drang zur Individualität einer Zusammenarbeit eher hinderlich erschien. Auch versuchten große Sektionen der Alpenclubs Druck auf die Organisation auszuüben, um „ihre" Leute unterzubringen. Ungeachtet dessen wählte das Komitee aus; als Leiter der geplanten Expedition stand von vornherein Maurice Herzog fest, die weiteren Teilnehmer waren:

Jean Couzy, Polytechniker und Flugzeugingenieur
Marcel Schatz, Direktor eines Modehauses
Louis Lachenal, Bergführer
Lionel Terray, Bergführer
Gaston Rébuffat, Bergführer
Marcel Ichac, Kameramann
Jacques Oudot, Arzt.

Es war sicherlich eine der stärksten und homogensten Mannschaften, die jemals auf eine Expedition auszog. Vorher aber galt es, ein Ziel für die Expedition zu finden. Der höchste bisher bestiegene Berg war die 7816 m hohe Nanda Devi im indischen Teil des Himalaya, während sich alle 14 über achttausend Meter hohen Berge in Tibet, Pakistan und Nepal befinden.

Vor 1940 hatte Tibet seine Tore für einige englische Expeditionen geöffnet, aber nun verschloß es sich hermetisch jedem Fremden. In dem neugegründeten Staat Pakistan erschütterten politische und religiöse Unruhen das Land und erschwerten jedem Ausländer den Aufenthalt.

Aber das kleine, unabhängige Königreich Nepal schien eine neue Politik einschlagen zu wollen. Bisher Fremden gegenüber sehr abweisend, erlaubte es plötzlich amerikanischen Ornithologen und Schweizer Alpinisten die Einreise. Dies deutete auf eine Öffnung des Landes hin.

Die Regierung von Nepal wurde daher von Frankreich um die Genehmigung einer nationalen Expedition auf nepalesischem Gebiet gebeten. Ende des Jahres 1949 traf die Zustimmung aus Nepal ein. Während man heute schon Jahre voraus einen ganz bestimmten Berg mit der exakten Angabe des Anmarsches, der geplanten Route und der Dauer des Unternehmens beantragen muß, konnte man sich damals erst nach der Bewilligung der Einreise über das bergsteigerische Ziel klarwerden.

Das französische Comité de l'Himalaya legte sich auf ein doppeltes Ziel fest: Dhaulagiri (8167 m) und Annapurna, deren Höhe nach den damaligen Messungen noch 8072 m statt der tatsächlichen 8091 m betrug.

Die beiden Achttausender sind durch das Tal des Kali-Gandaki voneinander getrennt; die beiden Gipfel sind 30 km Luftlinie voneinander entfernt. Viel war es nicht, was bisher über die zwei Himalayariesen bekannt war. Man war zwar im Besitz einiger indischer Kartenskizzen, die jedoch sehr ungenau waren. Später sollte sich herausstellen, daß viele Angaben auf der Karte sogar total falsch waren. Nur etwas mehr als zwei Monate Zeit blieben für die Vorbereitungen der Expedition; das ganze Personal des Club Alpin Français war eingespannt. Das Unternehmen wurde von der Industrie großzügig unterstützt. Fast die gesamte Ausrüstung wurde speziell angefertigt, Duraluminium und Nylon hielten ihren Einzug in die Bergausrüstung.

Nachdem die Probleme der Genehmigung und der Wahl der Teilnehmer geklärt waren, standen die Organisatoren vor dem letzten großen Hindernis, vor der Frage der Finanzierung. Ein Problem, das auch heute noch für eine Expedition das größte ist. Der französische Staat bewilligte 6 Millionen Franc, das waren umgerechnet etwa 50 000 Mark, knapp die Hälfte des benötigten Etats. Eine kleine Gruppe einflußreicher ehemaliger Alpinisten setzte sich dafür ein, daß größere Beträge gespendet wurden. Sie überzeugten die Mächtigen im Lande, die Banken und die Großindustrie von der Wichtigkeit des Unternehmens. Auf diese Weise – und durch die vielen kleinen Spenden von Bergsteigern aus ganz Frankreich – war die Finanzierung endlich gesichert.

Am Abend des 28. März 1950 fand im Beisein aller Expeditionsmitglieder die letzte Sitzung des Himalayakomitees statt. Der Präsident Lucien Devis gab einen kurzen Überblick über die Geschichte der Himalayabesteigungen und erwähnte, daß bisher zweiundzwanzig Expeditionen aus aller Welt vergeblich versucht hatten, einen Achttausender zu bezwingen. Nach nochmaliger Vorstellung der beiden Ziele Annapurna und Dhaulagiri wies er auf die zu erwartenden Schwierigkeiten hin: „Das Gebiet ist vom bergsteigerischen Standpunkt aus gesehen völlig unbekannt. Darum soll das Hauptlager in Tukche im Tal des Kali-Gandaki aufgeschlagen werden. Von hier aus müssen zuerst die Befestigungsmöglichkeiten erkundet und dann der Angriff durchgeführt werden. Neben der Besteigung eines Gipfels soll die Expedition medizinische, geologische, ethnographische, meteorologische und geographische Forschungen anstellen!" Zum Abschluß der Sitzung mußte jeder der teilnehmenden Bergsteiger den Eid sprechen, den schon die Teilnehmer der französischen Expedition 1936 geleistet haben: „Ich verpflichte mich ehrenwörtlich, dem Expeditionsleiter in allem, was er im Verlauf der Expedition von mir fordern wird, zu gehorchen."

Am Donnerstag, den 30. März 1950, verließ die Expedition Frankreich. Von Paris ging es mit dem Flugzeug über Rom, Kairo, Karachi nach Neu-Delhi. Mit Zug und Lastwagen reiste die Mannschaft von hier weiter bis Butwal, wo sie am 5. April die nepalesische Grenze überschritt. Zu ihnen hatte sich nun auch noch Francis de Noyelle gesellt, ein junger Diplomat der französischen Botschaft in Delhi. Er sollte die Transporte durch Nepal leiten, wobei sich seine Kenntnisse der einheimischen Sprache als sehr nützlich erweisen sollten. In Butwal wurden die Lasten zusammengestellt und 200 Träger angeworben, um über sechs Tonnen Gepäck in einem 15tägigen Marsch bis nach Tukche zu transportieren. Am 21. April erreichten sie den Platz ihres vorbestimmten Hauptlagers. Ohne zuverlässige Karte, auch ohne noch vorher brauchbare Fotos gesehen zu haben, mußten sie zuerst einmal nach geeigneten Anstiegswegen Ausschau halten. Noch hatten sie sich ja nicht auf einen der Berge festgelegt. In vier Gruppen erforschten sie die Zugänge. Die einzige Flanke des Dhaulagiri, die man vom Tal aus sehen konnte, war die Ostflanke. Ihr ganzer unterer Teil wird von einem wilden, abschreckenden Eisbruch bedeckt. Mehrere Versuche, einen Weg durch dieses Spaltenlabyrinth zu finden, blieben erfolglos. Terray, Oudot und der Sherpa Aila arbeiteten sich einmal fast durch den gesamten Eisbruch hinauf, mußten dann aber, 200 m vor dem Ende, vor einer unüberwindbaren Spaltenzone kapitulieren und umkehren. Auch die Versuche, den Nordostgrat auf anderen Wegen zu erreichen, schlugen fehl.

Maurice Herzog war schon nach den ersten Erkundungsfahrten davon überzeugt, daß für sie am Dhaulagiri nur sehr geringe Erfolgsaussichten bestanden. Er wandte sich verstärkt der Erkundung der Annapurna zu.

Anfänglich befürchteten sie, daß der Berg sich nur auf ihren „Phantasie-Karten" befände, dann erst, nachdem sie ein Stück den Dhaulagiri hinaufgestiegen waren, konnten sie den oberen Teil der Annapurna über die Kette des Nilgiri einsehen: nach Süden und Osten senkrechte Abstürze, aber die Nordflanke, die sich ihnen in Seitenansicht bot, war als ausgedehnte Fläche mit zirka 35 Grad Neigung zu erkennen. Noch aber war unklar, wie der untere Teil aussah, und vor allem, wie der Zugang zum Fuß der Nordflanke verlief.

Auf der indischen Karte war ein Weg von Dana entlang dem Miristi-Khola zum Tilicho-Paß eingezeichnet. Aber kein einziger Bewohner des Tales hatte jemals etwas von einem Tilicho-Paß gehört. Von den Sherpas war nur zu erfahren, daß sich der Miristi-Fluß in seinem unteren Lauf durch steile, unwegsame Schluchten zwängt.

Oudot, Schatz, Couzy und der Sirdar Ang Tharkey fanden am 27. April einen kleinen Steig, der über einen Paß in der auslaufenden Nilgiri-Kette führte. Von dort aus mußte es möglich sein, den Oberlauf des Miristi-Khola zu erreichen.

Herzog, Ichac und Rébuffat umrundeten den Nilgiri nach Norden, fanden aber den Weg zum Gletscherkessel der Annapurna-Nordflanke durch eine Bergkette versperrt, der sie daraufhin den Namen „Grand Barriere" gaben.

Am 14. Mai 1950 traf zum ersten Mal seit ihrer Ankunft die gesamte Expeditionsmannschaft wieder in Tukche zusammen. Die Stimmung war ziemlich gedrückt. Sie

hatten fast einen Monat damit verbracht, Zustiegsmöglich-
keiten zu den Bergen zu finden: vergeblich. Die Zeit
drängte, in spätestens drei Wochen wurde der Monsun
erwartet. Nach einer langen Diskussion fiel die Entscheidung: Angriff auf die Annapurna!

Am nächsten Tag schon machten sich Terray, Lachenal
und Schatz auf den Weg zum „Paß des 27. April".
Tatsächlich fanden sie den Weg hinunter in den Miristi-
Khola, wenn auch erheblich größere Schwierigkeiten auftraten als erwartet. Man kann heute behaupten, daß die
Entdeckung dieses Übergangs das Tor zum Gipfel der
Annapurna aufstieß. Vom Anblick des Tales des Miristi-
Khola schreibt Lionel Terray: „Wir können jetzt ermessen, wie aussichtslos für jeden, der diese furchtbaren Berge
nicht kennt, ein Versuch sein muß, diese Schluchten
unvorstellbaren Ausmaßes zu durchsteigen!"

Am 17. Mai erreichte die erste Gruppe einen geeigneten
Platz für das Basislager in 4200 m Höhe. Ein nordöstlich
gelegener Felsvorsprung des Berges wird von ihnen als
Möglichkeit zum Erreichen der Gipfelpyramide angese-
hen.

Tagelang rangen die verschiedenen Seilschaften in dem
äußerst schwierigen Gelände, bis sie erkennen mußten,
daß der Pfeiler nur bis zu einem unbedeutenden, niedrigen
Gratgipfel führt. Aber Lachenal und Rébuffat haben auf
der gegenüberliegenden Seite des Gletscherabbruchs einen
Weg entdeckt, über den man das große Plateau erreichen
kann. Von hier aus sahen sie als erste die ganze Nordflanke
der Annapurna. Am 22. Mai wurde Lager I auf zirka 5000
m Höhe errichtet, am nächsten Tag schon Lager II auf
5900 m. Alle Expeditionsteilnehmer und Sherpas waren
jetzt am Berg. Immer wieder lösten sich die Seilschaften in

der Führungsarbeit ab und trieben Lager für Lager nach oben. Am 28. Mai querten Herzog und drei Sherpas unter der großen Sichel hinaus und errichteten auf 7150 m das erste Zelt des vierten Hochlagers. Wenige Tage später folgte Lager V.

Nach einer stürmischen Nacht brachen Lachenal und Herzog früh am Morgen des 3. Juni 1950 vom Lager V in 7500 m Höhe zum Gipfel auf. Langsam erreichten sie den Gipfelaufbau, kletterten durch ein Couloir soweit hinauf, bis es nicht mehr weitergeht. Als erste stehen sie auf einem über achttausend Meter hohen Gipfel! Eine grandiose Leistung. Lange konnten sie die Gipfelrast nicht auskosten. Ein paar Aufnahmen, dann trieb das einsetzende schlechte Wetter wieder zum Abstieg.

Am Vormittag hatten auch Terray und Rébuffat das oberste Lager erreicht. Sie errichteten ein zweites Zelt und warteten auf die Rückkehr ihrer Freunde. Endlich kam Herzog am Lagerplatz an – doch er war allein. Terray suchte die Hänge ab und entdeckte Lachenal etwa hundert Meter unterhalb des Lagers. Im tosenden Sturm stieg Terray zu seinem Freund hinunter und fand ihn, ohne Kopfbedeckung, ohne Handschuhe und nur mehr mit einem Steigeisen an den Füßen; Lachenal war schwer gestürzt. Unter größter Anstrengung wurde er von Terray zu den Zelten geschleppt.

Die ganze Nacht massierten Terray und Rébuffat die Füße der Gipfelbezwinger. Beide hatten Erfrierungen erlitten. Der Abstieg aus dem Lager V wurde zu einer einzigen Tortour. Im dichten Nebel und bei starkem Sturm irrten alle vier einen ganzen Tag lang zwischen den Eisbrüchen umher, ohne das nächste Lager zu finden. In einer Gletscherspalte biwakierten sie und wurden am

Morgen von einer Lawine verschüttet. Mit viel Glück wühlten sie sich aus den Schneemassen und setzten den Abstieg fort. Rébuffat und Terray verloren ihre Brillen und wurden schneeblind. Zum Glück hörten Schatz und Couzy ihre Hilferufe und kamen ihnen entgegen. Gestützt auf die Kameraden, wankten alle hinunter zum Lager II, gerieten noch in ein Schneebrett, blieben aber wie durch ein Wunder unverletzt.

Vom Lager II aus wurden die Verletzten mit Skischlitten abtransportiert. Ab Lager I mußten sie getragen werden. Für Herzog und Lachenal begann nun ein langer Leidensweg. Auf Bahren und in Tragkörben wurden sie im einsetzenden Monsun bis zur indischen Grenze getragen, aufopfernd betreut von Dr. Oudot.

Nach ihrer Rückkehr wurden die Teilnehmer der französischen Expedition in Frankreich wie Helden gefeiert und geehrt. Sie hatten einen Sieg errungen, den auch Kenner des Himalaya damals für unmöglich gehalten hatten. So schrieb der längst verstorbene englische Alpinist Frank Smythe, der selbst an fünf Himalaya-Expeditionen teilgenommen und am Mt. Everest eine Höhe von 8500 m erreicht hatte: „Der Alpinismus im Himalaya bietet so große Schwierigkeiten, daß es aller Wahrscheinlichkeit nach keiner Expedition je gelingen wird, einen der höchsten Gipfel im ersten Anlauf zu ersteigen!"

Französische Himalaya-Expedition 1950

Club Alpin Français
30. März–17. Juli 1950

Geplantes Ziel:
Erste Besteigung des Dhaulagiri (8167 m) oder der Annapurna (8091 m)

Teilnehmer:
Maurice Herzog (Leiter), 21 Boulevard Richard Wallace, F–92200 Neuilly sur Seine, Jean Couzy, Marcel Schatz, Louis Lachenal, Lionel Terray, Gaston Rébuffat, Marcel Ichac (Kameramann), Dr. Jacques Oudot (Arzt)

Sherpa:
Ang Tharkey (Sirdar), Dawatounda, Adjiba, Sarki, Aila, Ang Gawa, Foutharkey, Ang Tsering

Ablauf der Expedition:

30. 3. 1950	Anreise mit dem Flugzeug von Paris über Neu-Delhi nach Butwal an der indisch-nepalesischen Grenze
6. 4.	Abmarsch in Butwal mit 200 Trägern (6000 kg Gepäck) über Tansing-Kusma-Tatopani nach Tukche
22. 4./14. 5.	Erfolglose Erkundung der Aufstiegsmöglichkeiten zu Dhaulagiri und Annapurna
27. 4.	Entdeckung des Thulo-Bugin-Passes („Übergang des 27. April")
15. 5.	Anmarsch über Thulo-Bugin-Paß in das Miristi-Khola und zum Fuß der Annapurna-Nordflanke
17. 5.	Errichtung des neuen Hauptlagers
22. 5.	Lager I (5000 m)
23. 5.	Lager II (5900 m)
26. 5.	Lager III (6500 m)

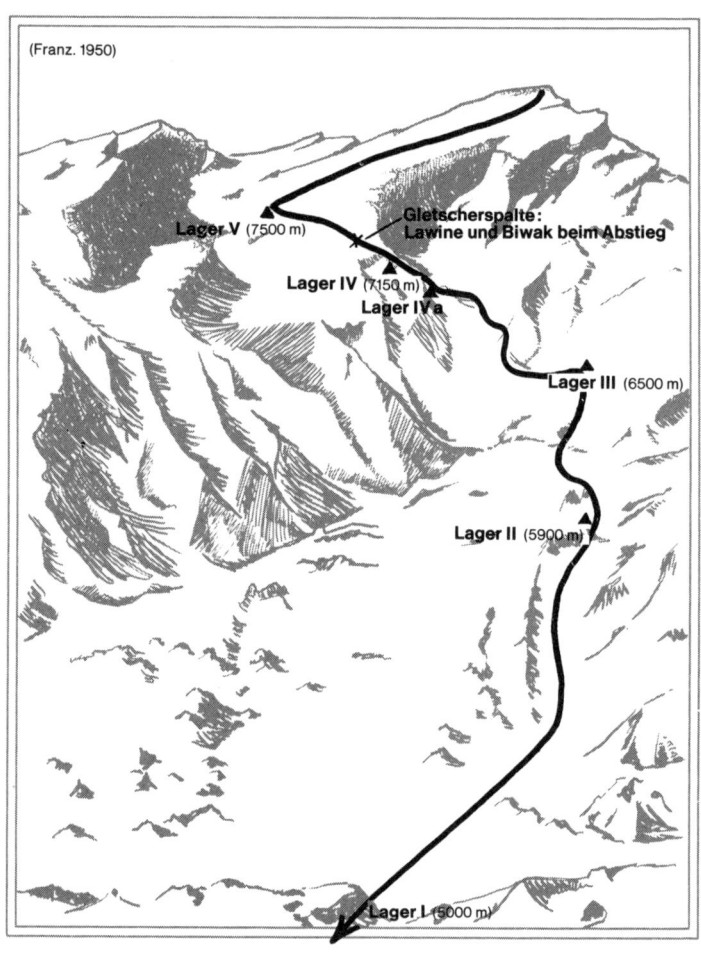

(Franz. 1950)

Lager V (7500 m)

**Gletscherspalte:
Lawine und Biwak beim Abstieg**

Lager IV (7150 m)
Lager IV a

Lager III (6500 m)

Lager II (5900 m)

Lager I (5000 m)

28. 5.	Lager IV (7150 m)
2. 6.	Lager V (7500 m)
3. 6.	Maurice Herzog und Louis Lachenal erreichen den 8091 m hohen Gipfel der Annapurna I

11. 6.　　　Beginn des Rückmarsches
17. 7.　　　Ankunft in Paris
Es wurde kein künstlicher Sauerstoff verwendet.

Veröffentlichungen:
Maurice Herzog: *Annapurna, Premier 8000,* Arthaud,
Paris 1951
Deutsche Ausgabe: *Annapurna – Erster Achttausender,*
Ullstein Verlag, Wien 1952
Gérard Herzog: *Louis Lachenal: Carnets du vertige*
Deutsche Ausgabe: *Louis Lachenal – Ein Leben für die
Berge,* Hallwag Verlag, Bern 1963
Lionel Terray: *Les conquérants de l'inutile,* Edition Galli-
mard, Paris 1961
Deutsche Ausgabe: *Vor den Toren des Himmels,* Nym-
phenburger Verlagshandlung, München 1965

Deutsche Himalaya-Expedition 1965

Deutscher Alpenverein
16. Februar–15. Juni 1965

Geplantes Ziel:
Annapurna I (8091) m) über Ostgrat
Gangapurna (7426 m)

Teilnehmer:
Günter Hauser (Leiter), An der Linde 12, 8135 Söcking,
Dr. Klaus Ekkerlein (Arzt), Ludwig Greissl, Karl-Heinz
Ehlers, Hermann Köllensperger, Erich Reismüller (Kame-
ramann), Otto Seibold, Herbert Wünsche

Sherpa:
Ang Temba (Sirdar), Phurbar Tenzing, Phurbar Kitar,
Pemba Norbu, Phudorje II, Urgien, Sambo, Kippa

Ablauf der Expedition:

16. 2. 1965 Erich Reismüller und Otto Seibold besteigen
mit 6000 kg Gepäck das Schiff in Genua mit
dem Ziel Bombay

12. 3. Der Rest der Mannschaft startet mit dem
Flugzeug von München über Neu-Delhi nach
Kathmandu

17. 3. Ankunft in Kathmandu
Nur 7 von 41 Kisten sind an der indisch-
nepalesischen Grenze eingetroffen. Der Rest
des Gepäcks ist irgendwo in Indien mit der
Eisenbahn unterwegs

28. 3. Die Mannschaft verläßt Pokhara mit 110 Trägern, obwohl noch immer nicht alles Gepäck
angekommen ist

3. 4. Nach einem 7tägigen Marsch über Suikhet,
Ghandrung und Chomrong erreichte die Expedition den Hinko-Felsen. Hier treten die
Träger in einen Streik und kehren um. Der
hohe Schnee hinderte sie daran, die Lasten bis
ins Basislager zu tragen.

6. 4. Die Teilnehmer und die Sherpas beginnen,
Lasten zum Basislager im Sanctuary (Annapurna-Südseite) auf 3750 m zu transportieren

9. 4. Lager I wird in einer Höhe von 4300 m
errichtet

14. 4. Während ein Teil der Mannschaft noch Lasten
vom Hinko-Felsen zum Basislager schleppt,

	errichten die anderen bereits das Lager II (4950 m)
18. 4.	Lager III (5700 m)
20. 4.	Der Luftdruck einer Lawine zerfetzte die Zelte von Lager I. Aluminiumkisten werden umgeworfen und Gegenstände davongewirbelt. Niemand wird verletzt
24. 4.	Lager IV (6200 m)
5. 5.	Nach Überwindung von schwierigem Gelände und Rückschlägen durch schlechtes Wetter werden endlich zwei Zelte in eine 6850 m hohe Scharte gestellt (Lager V)
6. 5.	Über den anfangs flachen, später sich aufsteilenden Ostgrat erreichen Hauser, Greissl, Köllensperger, Reismüller, Ang Temba und Phudorje II den Gipfel der bisher unerstiegenen Gangapurna (7426 m)
8. 5.	Die zweite Gruppe mit Ekkerlein, Ehlers, Seibold, Wünsche und Pemba Norbu erreichte den Gipfel

Damit standen alle Expeditionsteilnehmer und drei Sherpas auf dem höchsten Punkt der Gangapurna. Normalerweise hören die meisten Expeditionen im Himalaya nach der Besteigung eines Gipfels auf. Obwohl der Mannschaft längst klar ist, daß die Annapurna I nicht mehr bestiegen werden kann, wollen sie deren Besteigungsmöglichkeit über den Ostgrat erkunden. Dazu bietet sich der 7142 m hohe Glacier Dôme an, ein wenig ausgeprägter Gipfel im Gratverlauf zwischen Gangapurna und Annapurna I.

19. 5.	Lager I wird in einer Höhe von 4550 m aufgestellt
22. 5.	Lager II steht auf 5200 m

26. 5.	Seitlich an einem schwierigen Eisabbruch vorbei finden die Bergsteiger einen Weg zum Gipfelgrat und errichten Lager III (5700 m)
28. 5.	Nach einem Tag im sturmumtosten Zelt kann der Aufstieg fortgesetzt werden. Auf dem Grat wird Lager IV (6400 m) errichtet
29. 5.	Greissl, Reismüller, Wünsche, Ekkerlein, Seibold und Kippa Sherpa erreichen den Gipfel des Glacier Dôme (2. Besteigung)

Es wurde kein künstlicher Sauerstoff verwendet.

Veröffentlichung:
Günter Hauser: *Eisgipfel und Goldpagoden*, Bruckmann, München 1966

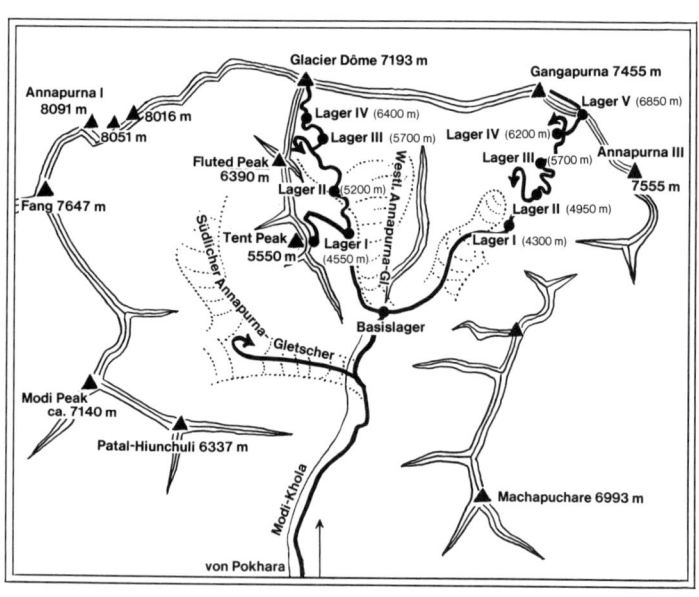

Deutsche Himalaya-Expedition 1969

Deutscher Alpenverein
(Anläßlich des 100jährigen Bestehens)
24. Februar–13. Juni 1969

Geplantes Ziel:
Annapurna-Ostgipfel (8023 m) über den Ostgrat

Teilnehmer:
Ludwig Greissl (Leiter), Waldschulstr. 47, 8000 München 82, Dr. Karl Winkler (Arzt), Adi Hanke, Uwe Kerner, Helmut Müller, Reinhold Obster, Erich Reismüller (Kameramann), Pit Schubert, Heinz Reiter

Sherpa:
Ang Temba (Sidar), Lhakpa Tsering, Nawang Dorje, Pemba Tharke, Tsering Gyaltso, Pemba Norbu, Ila Tsering, Mingma Tsering, Pemba Tensing, Karma

Ablauf der Expedition:
24. 2. 1969 Abfahrt der Expedition mit LKW von München
20. 3. Ankunft an der Grenze Indien-Nepal
21. 3. Ankunft in Pokhara
26. 3. Abmarsch in Pokhara mit 240 Trägern und 6500 kg Gepäck
2. 4. Nach einem Marsch über Suikhet – Ghandrung – Chomrong wird das Hauptlager auf 4600 m (Annapurna-Südseite) errichtet
5. 4. Lager I (5200 m)
17. 4. Nach Überwindung eines zerklüfteten Eis-

	bruchs kann Lager II auf 5700 m aufgebaut werden
19. 4.	Durch eine steile, eisschlaggefährdete Rinne wird in 6000 m Höhe ein Platz für Lager III erreicht
26. 4.	Ausgiebige Schneefälle und damit große Lawinengefahr verhinderten bis zu diesem Tag ein weiteres Höherkommen. Lager IV wird errichtet (6400 m)
5. 5.	Lager V (7070 m) bekommt seinen Platz kurz unterhalb des Gipfels des 7142 m hohen Glacier Dôme
9. 5.	Einer Dreiergruppe gelingt die erste Besteigung des 7516 m hohen Roc Noir
11. 5.	Unterhalb des Roc Noir-Gipfels werden die Zelte für Lager VI (7250 m) in den Schnee gestellt
12. 5.	Reismüller, Schubert und Obster beziehen Lager VI, um am nächsten Tag von hier aus einen Gipfelversuch zu starten
	In der Nacht zum 13. Mai beginnt ein fürchterlicher Höhensturm. Bis zum 18. Mai müssen die drei Bergsteiger in den engen Zelten des Lager V, wohin sie sich zurückgekämpft haben, aushalten
19. 5.	Wieder setzt der Sturm ein und macht den erneuten Gipfelversuch zunichte
20. 5.	Die Expedition wird endgültig abgebrochen
29. 5.	Die Träger kommen ins Hauptlager, der Rückmarsch beginnt

Es wurde kein künstlicher Sauerstoff verwendet.

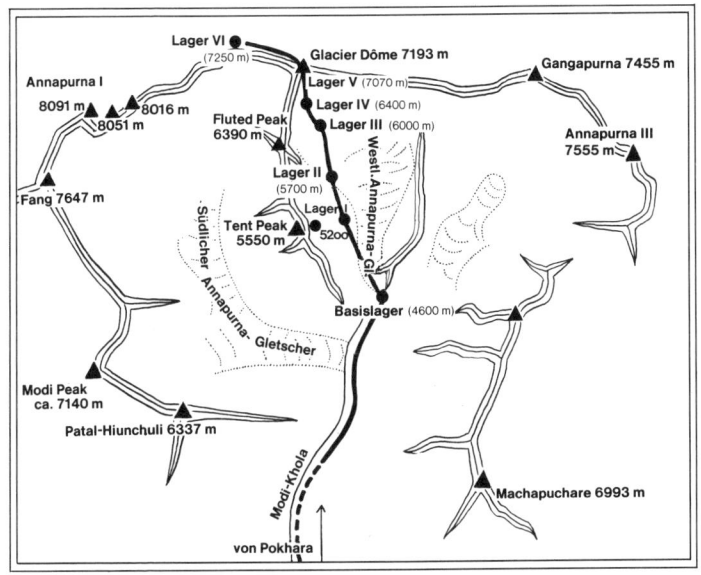

Veröffentlichungen:
Expeditionsbericht der Deutschen Himalaya-Expedition
1969: *Deutsche Himalaya-Expedition 1969,* Sonderdruck
aus dem Alpenvereinsjahrbuch 1970

Britisch-nepalesische
Armee-Annapurna-Expedition 1970

British Army Mountaineering Association
Frühjahr 1970

Geplantes Ziel:
Besteigung der Annapurna I (8081 m) auf dem Weg der
Erstbesteiger

Teilnehmer:

B. M. Niven (Leiter), M. H. W. Day (Bergsteigerischer Leiter), J. Anderson, D. P. M. Jones, G. D. B. Keelan, G. F. Owens, T. E. F. Taylor (Kameramann), R. A. Summerton, Yudda Bikram Shah, Bagirath Narsimha Rana

Sherpa:

Sonam Girmi (Sirdar), Pemba Norbu, Ang Dorje, Pertemba

Ablauf der Expedition:

März 1970: Mit einer Militärmaschine fliegen die Teilnehmer und das Gepäck über Singapur und Kathmandu nach Pokhara

20. 3. Aufbruch in Pokhara. Gleichzeitig beginnt auch die Expedition zur Südwand der Annapurna und eine japanische Frauenexpedition zur Annapurna III. Die Anwerbung von Trägern bereitet daher große Schwierigkeiten. Schließlich tragen tibetanische Flüchtlinge das Gepäck bis Choya

26. 3. Der „Übergang des 27. April" (Thulo-Bugin-Paß) liegt unter tiefem Schnee. Die meisten Träger kehren um. Mit nur 40 Trägern wird das ganze Gepäck im Pendelverkehr bis ins Hauptlager getragen. Jeder der 40 Träger legt die Strecke fünfmal zurück. Dadurch kommen die letzten Gepäckstücke erst Ende April im Basislager an.

Auf dem Thulo-Bugin-Paß (4200 m) erkrankt der Kameramann der Expedition. T. E. F. Taylor, an einer Lungenentzündung. Ein

	Hubschrauber holt ihn dort ab und fliegt ihn nach Kathmandu ins Krankenhaus
ca. 5. 4.	Das Basislager wird erreicht (4350 m)
16. 4.	Lager II (5970 m) wird als vorgeschobenes Hauptlager eingerichtet
23. 4.	Owens und Summerton erstellen Lager III (6700 m)
24. 4.	Eine riesige Lawine fegt von der Sichel herunter und über Lager II hinweg. Wie durch ein Wunder bleiben zwei in einem Zelt schlafende Bergsteiger unverletzt. Die unbesetzten Zelte werden samt Ausrüstung weggefegt.
26. 4.	Lager II wird an einem sicheren Platz neu aufgebaut
27. 4.	Die Mannschaft entscheidet sich für eine andere Aufstiegsroute. Ausschlaggebend dafür sind die Lawinen, die immer wieder über die Franzosenroute herunterdonnern
	Sie versuchen es nun weiter östlich, um hier über eine Rippe die Eisrampe zu erreichen, die unter dem Ostgipfel zum großen Gipfelhang zieht
	10 Tage klettern und versichern sie die neue Route, immer bedroht von Eisschlägen. Schließlich geben sie auch hier auf, wenden sich wieder der Franzosenroute zu
12. 5.	Die Expedition versucht, westlich des Weges der Erstbegeher nach oben zu kommen. Lager III wird in 6700 m errichtet. Beim Versuch, Sicherungsmaterial zu bergen, stürzt Summerton 15 Meter tief ab und erleidet Rippenbrüche

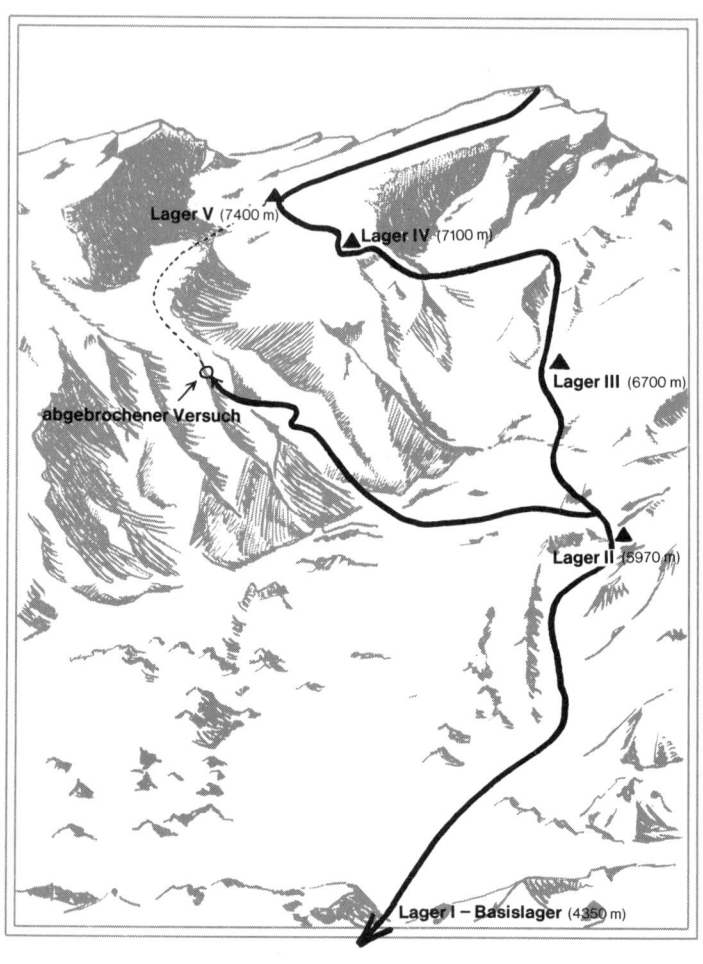

Lager V (7400 m)

Lager IV (7100 m)

Lager III (6700 m)

abgebrochener Versuch

Lager II (5970 m)

Lager I – Basislager (4350 m)

16. 5.   Day, Anderson, Keelan, Owens und Sonam
           Girmi erreichen durch tiefen Schnee den Platz
           für Lager IV (7100 m)
19. 5.   Pertemba Sherpa erkrankt in Lager IV. Sirdar

Sonam Girmi bringt ihn ins Basislager hinunter und verzichtet damit auf seine Gipfelchance.

Bei −30 Grad und starkem Wind erstellen Day und Owens das Lager V (7400 m)

20. 5. In dieser Nacht haben Owens und Day zum erstenmal unter der Sauerstoffmaske geschlafen. Bei schönstem Wetter erreichen sie in nur 3 Stunden den Gipfel. Am gleichen Tag steigen sie noch ab bis zu Lager IV

21. 5. Beim Abstieg stürzt Owens in der Nähe von Lager II in eine Spalte und bricht sich dabei einige Rippen

Der nahende Monsum verhindert die Wiederholung der Besteigung durch eine weitere Seilschaft.

Veröffentlichungen:
M. H. W. Day: *Annapurna – North Face Route,* Alpin Journal 76/1971, S. 88–99
G. F. Owens: *Annapurna I, 1970,* Himalayan Journal 30/1970, S. 106–111

Annapurna-Südwand-Expedition 1970

unterstützt von der Britischen Mount-Everest-Stiftung
Frühjahr 1970

Teilnehmer:
Chris Bonington (Leiter), Badger Hill, Nether Row, Hesket Newmarket, Wigton, Cumberland CA 78 LA, England, Martin Boysen, Nick Estcourt, Dougal Haston,

Don Whillans, Ian Clough, Mick Burke, Tom Frost, Mike Tompson, Kelvin Kent, Dr. Dave Lambert (Arzt) + Fernsehteam

Sherpa:
Pasang Kami (Sirdar), Pemba, Ang Pema, Migma Tsering, Kancha, Nima Tsering

Ablauf der Expedition:
Im Oktober 1968 reifte in Chris Bonington die Idee der Durchsteigung der Annapurna-Südwand. Nach vielen Überlegungen und Gesprächen stand im Mai 1969 die Mannschaft fest, und im Juli des gleichen Jahres traf auch die Genehmigung der Regierung von Nepal ein.

23. 1. 1970	Das Expeditionsgepäck wird in Liverpool auf ein Schiff mit dem Ziel Bombay verladen
22. 3.	Die Mannschaft startet mit 140 Trägern und einem Teil des Gepäcks in Pokhara. Der Weg führt über Ghandrung-Chomrong in das Annapurna-Sanctuary zum Fuß der Südwand 240 Träger bringen einige Tage später das restliche Gepäck zum Basislager
30. 3.	Basislager (4270 m) Von hier aus können sie erstmals die gewaltige Wand einsehen: fast 3000 m hoch, nahezu senkrecht. Gemeinsam entscheiden sie sich für eine Route über den Pfeiler in der Fallinie des Hauptgipfels
2. 4.	40 Träger bringen das Gepäck bis zu Lager I auf 4880 m
6. 4.	Unterhalb des vorspringenden Pfeilers wird Lager II (5335 m) errichtet

13. 4.   Über schwieriges Gelände erreicht die erste
Seilschaft eine Gratscharte, in der sie Lager III
(6125 m) aufbaut

23. 4.   Nach der Umgehung eines pilzförmigen Eis
turmes werden auf einem Eisgrat in 6500 m
die Zelte für Lager IV errichtet

9. 5.   Schlechtes Wetter verhindert tagelang jeden
weiteren Vorstoß. Lager V wird in 6900 m
Höhe in die Randkluft unter einer großen
Felsbarriere gestellt. Extrem schwierige Fels-
passagen lassen die Spitzengruppe nur langsam vorankommen. Felskletterstellen im V.
Schwierigkeitsgrad und manchmal auch darüber wechseln mit steilen Eistraversen ab

19. 5.	Don Whillans und Dougal Haston beziehen Lager VI (7315 m). Neun Tage lang bleiben die beiden ununterbrochen in diesem Lager, ausgestattet mit wenig Nahrungsmitteln, ständig den starken Höhenstürmen ausgesetzt
27. 5.	Haston und Whillans steigen bis zum Ende der Fixseile auf, klettern weiter und erreichen bei stärkstem Wind den Gipfel der Annapurna I. 770 Höhenmeter anstrengende Kletterei ohne Benützung von künstlichem Sauerstoff liegen hinter ihnen. Am Gipfel sehen sie noch die Fußspuren von Day und Owens, die 7 Tage zuvor den höchsten Punkt über die Nordflanke erreicht hatten
29. 5.	Tom Frost und Mick Burke versuchen, die Gipfelbesteigung zu wiederholen. Burke kehrt um, Frost klettert allein weiter, muß dann aber wegen des wütenden Sturms aufgeben
30. 5.	Der Berg wird geräumt. Ian Clough, Mike Tompson und Dave Lambert steigen von Lager III ab. Zwischen Lager II und Lager I, auf den letzten Metern im steilen Gelände, stürzt ein riesiger Sérac in sich zusammen und erschlägt Ian Clough

Veröffentlichungen:
Chris Bonington: *Annapurna South*, Cassell, London 1971
Deutsche Ausgabe: *Annapurna Südwand*, Huber, Frauenfeld und Stuttgart 1971

Japanische Annapurna I-Expedition 1973

Japanese Alpine Club, Shinano-Section
Frühjahr 1973

Geplantes Ziel:
Annapurna I über den Nordost-Grat

Teilnehmer:
Shaigeki Tsukamoto (Leiter), 239 Kainaka-machi, Suzaka-City, Nagano, Japan und 10 Bergsteiger

Sherpa:
Genaue Zahl ist nicht bekannt

Ablauf der Expedition:
Die Mannschaft erreichte Anfang April das Basislager. Es wurde zuerst versucht, den Gipfel über den NO-Grat zu erreichen. Dieses Vorhaben wurde aber abgebrochen und der Weg der Erstbegeher mit der Variante der British-Army-Expedition verfolgt.

Mitte Mai scheiterte die Gipfelbesteigung durch einen Japaner und einen Sherpa zirka 50 Meter unterhalb des Gipfels. Die beiden brachen den Versuch wegen des herrschenden Sturms ab.

18. 5. 1973 Unterhalb von Lager III verschüttet eine Lawine eine im Abstieg befindliche Gruppe. Sadatoshi Takahashi, Katsumi Katagiri, Mansanori Hama, Tadashi Ushigoe und Rinji Sherpa sterben unter den Schneemassen.

Die Expedition wird daraufhin abgebrochen.

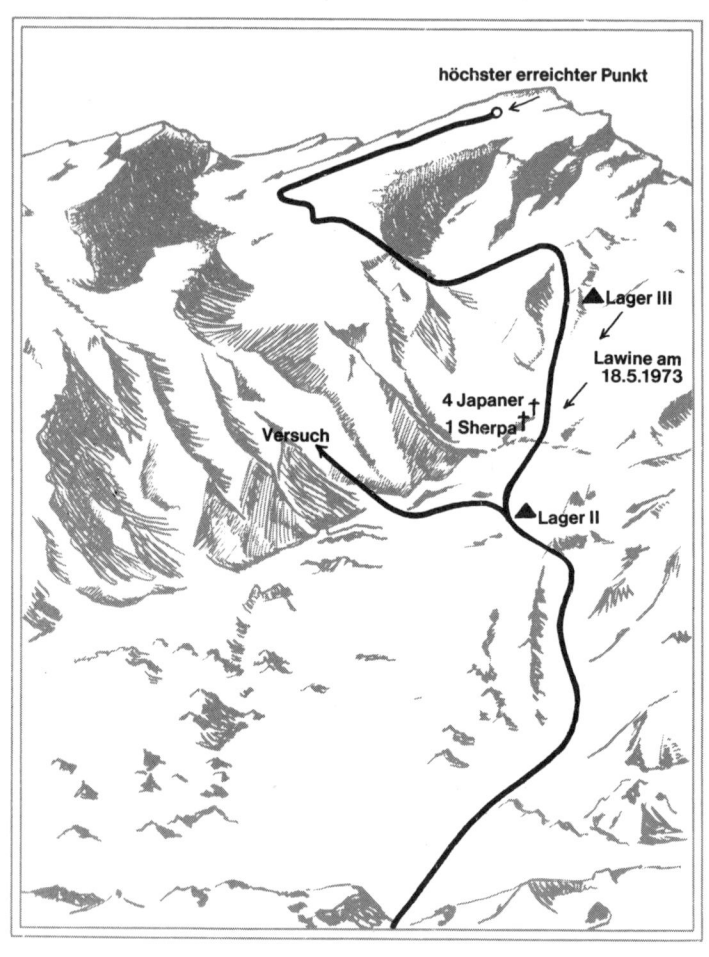

Italienische Annapurna-Expedition 1973

Club Alpino Italiano, Sectione Busto Arsicio
13. August–30. Oktober 1973

Geplantes Ziel:
Annapurna I über den Nordwest-Grat

Teilnehmer:
Guido Machetto (Leiter), Allessandro Gogna (Organisation), Via Volta 10, Mailand, Italien, Carmelo di Pietro, Gianni Calcagno, Lorenzo Pomodoro, Rino Prina, Leo Cerutti, Carlo Zonta, Miller Rava, Vasco Taldo, Dr. Angelo Nerli (Arzt)

Sherpa:
Ang Norbu (Sirdar) und 13 Sherpas

Ablauf der Expedition:

18. 8. 1973	Mit 9000 kg Gepäck und 300 Trägern verläßt die Expedition Pokhara
2. 9.	Nach einem langen Anmarsch über Naudanda, Ghorepani, Tatopani, Choya und den Thulo-Bugin-Paß wird das Basislager unter der Annapurna-Nordflanke erreicht (üblicher Platz, zirka 4250 m hoch)
4. 9.	Lager I (5100 m)
7. 9.	Lager II (5450 m)
18. 9.	Lager III (6250 m)
22. 9.	Lager IV (6950 m)
23. 9.	Eine Seilschaft erreicht die Höhe von 7100 m, muß aber wegen des schlechten Wetters wieder umkehren
24. 9.	Starker Schneesturm vertreibt alle Bergsteiger aus den Hochlagern. Nur Miller Rava und Leo Cerutti wollen das Ende des Unwetters in Lager II abwarten

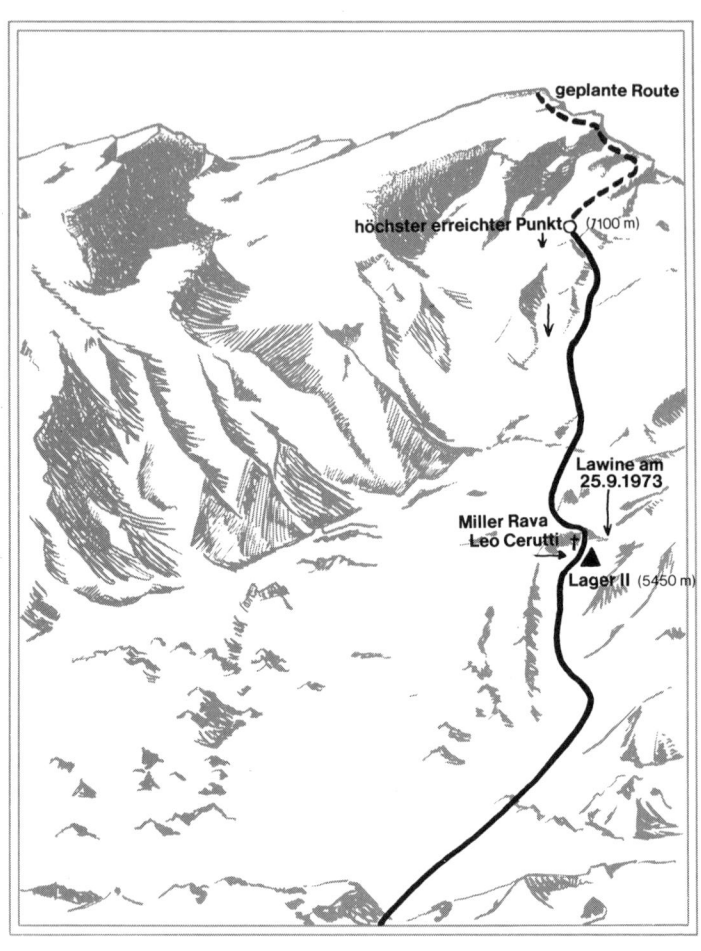

geplante Route

höchster erreichter Punkt (7100 m)

Lawine am
25.9.1973

Miller Rava
Leo Cerutti †

Lager II (5450 m)

25./26. 9. In der Nacht donnert eine riesige Eis- und
Schneelawine fast vom Gipfel über die ganze
Nordflanke herunter und verschüttet das mit
Rava und Cerutti besetzte Lager II. Von den

Bergsteigern und den Zelten ist keine Spur
mehr zu finden
Die Expedition wird daraufhin abgebrochen.

Spanische Annapurna-Expedition 1975

Frühjahr 1975

Geplantes Ziel:
Besteigung des Annapurna-Ostgipfels (8026 m) über die
Nordseite

Teilnehmer:
J. M. Anglada (Leiter), Via Layefana 12, Barcelona 3,
Spanien, E. Civis, J. Pons, J. Perez, M. Martin, M.
Anglada, A. Villena, E. Benavente

Sherpa:
Keine Angaben über Zahl und Namen

Ablauf der Expedition:

9. 3. 1974 Ankunft in Pokhara. Die Expedition muß
eine Woche warten, bis die benötigten Träger
angeworben sind

16. 3. Anmarsch über Naudanda–Ghorepani–Tatopani–Choya. Der Thulo-Bugin-Paß ist nur
schwer zu begehen, es liegt noch viel Schnee.
Die meisten Träger legen ihre Lasten ab und
kehren um. Das Gepäck muß im Pendelverkehr bis in das Hauptlager geschleppt werden

4. 4. Das Basislager wird erreicht

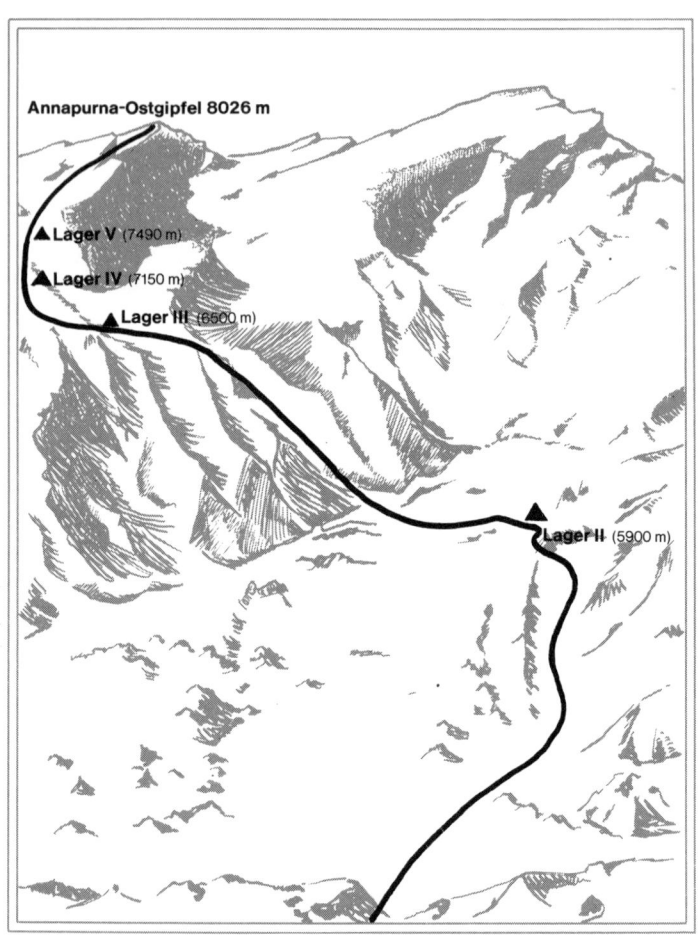

Annapurna-Ostgipfel 8026 m

▲ Lager V (7490 m)

▲ Lager IV (7150 m)

▲ Lager III (6500 m)

▲ Lager II (5900 m)

16. 4.   Lager II (5900 m) wird errichtet. Nachdem
die Zelte von einer Lawine verschüttet werden, wird das Lager versetzt und in einer
Spalte neu aufgestellt

Die Sherpas wollen nicht über Lager II hinaus aufsteigen. Zwei von ihnen können doch noch überredet werden, sie tragen aber nur 10–12 kg, während die Teilnehmer das Doppelte schleppen

22. 4.	Auf dem NO-Grat wird Lager III errichtet (6500 m)
26. 4.	Anglada, Civis und Pons beziehen Lager IV (7150 m)
28. 4.	Lager V (7490 m)
29. 5.	Um 7 Uhr brechen die drei Bergsteiger zu einem Gipfelversuch auf. Anfangs schlechtes Wetter, bessert sich aber im Laufe des Vormittags. Um 9 Uhr abends erreichen Anglada, Pons und Civis den bisher unbesiegten 8026 m hohen Ostgipfel der Annapurna. Im Mondlicht steigen sie vom Gipfel ab, biwakieren und erreichen am 30. April um 6 Uhr morgens wieder die Zelte von Lager V. Nach einer Rast geht es weiter hinunter zu Lager IV.
3. 5.	Alle Bergsteiger sind wieder im Basislager versammelt und starten wenige Tage später zum Rückmarsch

Veröffentlichung:
Jordi Pons: *Annapurna Este,* Editional Juventud, SA Provenza, Barcelona 1975

Österreichische Annapurna-Expedition 1975

Frühjahr 1975

Geplantes Ziel:
Besteigung des Fang (7647 m)
und über den Westgrat zur Annapurna I

Teilnehmer:
9 Bergsteiger unter der Leitung von Gert Gantner, Innsbrucker Str. 45 c, A-6176 Völs

Sherpa:
Keine Angaben über Zahl und Namen

Ablauf der Expedition:
Am 24. März erreicht die Expedition das Hauptlager in 4200 m Höhe. Zwei Tage später verlassen die Sherpas aus Unzufriedenheit über Verpflegung, Kleidung und Ausrüstung die Expedition, die fortan ohne Sherpas arbeiten muß. Sie verpflichtet aber einige Tamangträger zur Versorgung der unteren Lager.

Am 16. April zerstört eine Lawine die Zelte von Lager II (5500 m) und verschüttet Franz Tegischer und Ernst Schwarzenländer. Schwarzenländer kann sich selbst aus den Schneemassen befreien, Franz Tegischer ist tot.

Die Expedition wird abgebrochen.

Niederländische Annapurna-Expedition 1977

Stichting Nederlandse Annapurna-expeditie
Koninklijke Nederlandse Alpenvereinigung (KNAV)
21. August–29. Oktober 1977

Geplantes Ziel:
Annapurna I von Norden

Teilnehmer:
Prof. Dr. A. A. Verijn Stuart (Leiter), Scheltemakade 15,
2012 TD Haarlem, Jan van Banning, Charles Banhomme,
Maarten Briët, Eelco Dijk, Paul Hopster, Henk Hovinga,
Dr. Gerard Jansen (Arzt), Matthieu van Rijswick, Lucas
Wildervanck, Jan van Wulfften Palthe

Sherpa:
Mingma Tensing (Sirdar), Ang Pasang, Sonam, Dawa
Tsering, Mingma, Lakpha Norbu, Ang Serke (Koch)

Ablauf der Expedition:
27. 8. 1977 Mit 187 Trägern und 5500 kg Gepäck verläßt
die Expedition Pokhara
Der Anmarsch führt über Naudanda–Ghorepani–Tatopani–Choya–Thulo-Bugin–Paß
zum Hauptlager
6. 9. Das Hauptlager (4300 m) wird erreicht
7. 9. Lager II (5800)
Die Expedition konzentriert sich zuerst auf
die Eisabbrüche östlich des Sporns, bricht
aber den Versuch auf diesem Weg bald wieder
ab, da die objektiven Gefahren zu groß sind

Einige Tage in der Owens-Day-Variante der Franzosenroute überzeugen sie davon, daß auch dieser Weg zu viele Gefahren in sich birgt. Sie wenden sich dem Sporn zu. Anfangs

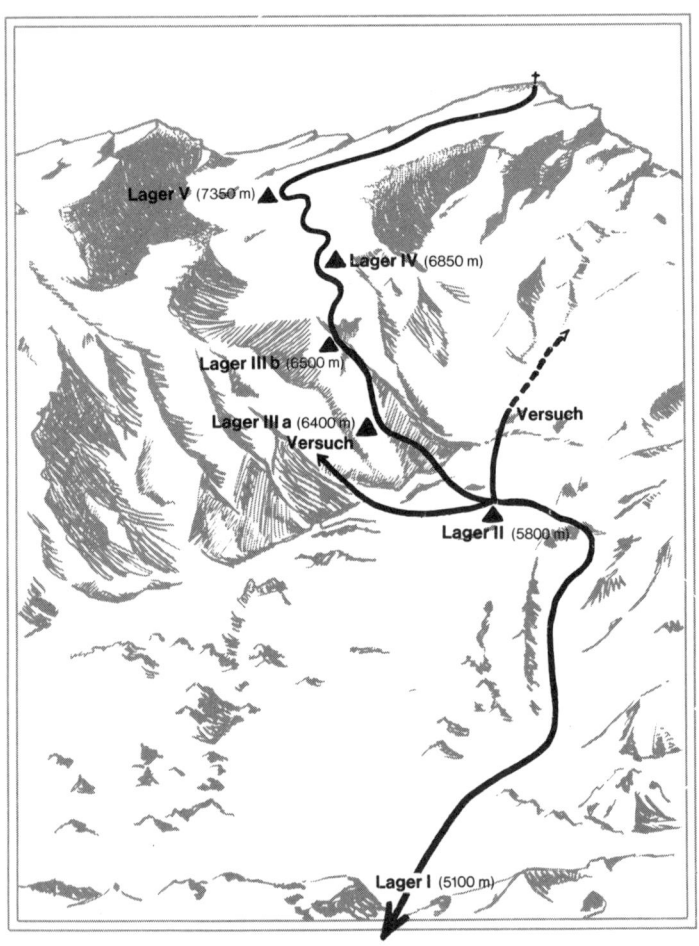

erschien dieser Weg als zu steil und schwierig für den Materialtransport, letztlich gibt jedoch die Sicherheit dieser Aufstiegsroute den Ausschlag: der Sporn wird angegangen

25. 9.   Lager II (6400 m)

30. 9.   Lager II wird abgebrochen und 100 m höher neu aufgebaut

1. 10.   Der Ausstieg aus dem Sporn ist überwunden. In 6850 m Höhe werden Zelte für Lager IV errichtet

11. 10.   Der Sirdar Mingma und M. van Rijswick errichten Lager V in einer Höhe von 7350 m

12. 10.   In dieser Nacht wird zum ersten Mal künstlicher Sauerstoff zum Schlafen verwendet. Sehr früh brechen die beiden zum Gipfel auf, nehmen Sauerstoff mit, benutzen ihn aber erst ab 7750 m. Das Schleppen der schweren Sauerstoffgeräte bis zu dieser Höhe hat jedoch die beiden so erschöpft, daß sie auf 7900 m umkehren müssen; um 15.30 Uhr kehren sie zu Lager V zurück

13. 10.   M. van Rijswick startet zusammen mit Sherpa Sonam einen zweiten Versuch. Diesmal benützen sie ab Lager V Sauerstoff aus der Flasche. Kurz nach 14 Uhr erreichen sie den 8091 m hohen Gipfel

16. 10.   Mit zirka 50 Trägern wird der Rückmarsch angetreten

Veröffentlichungen:
A. V. Stuart: *Annapurna, 8091 Meter,* Van Holkema & Warendorf, Unieboek 1978

Medizinisch-wissenschaftliches Programm:
1. G. Jansen: Retinal Hemmorrhage at High Altitude; Ergebnisse veröffentlicht im o. a. Buch
2. E. Hopster: Psycho-physiological investigations; Ergebnisse veröffentlicht in *De Psycholoog, jgr*XIV, nr. 6, S. 330–354

Kärntner Naturfreunde-Expedition zur Annapurna I 1978

Naturfreunde Kärnten
28. März–2. Juni 1978

Geplantes Ziel:
Besteigung der Annapurna I über die Route der Erstbegeher

Teilnehmer:
Ernst Gritzner (Leiter), Nestroygasse 22, A-9020 Klagenfurt, Oswald Pletschko, Günter Rosenfelder, Albert Ogritz, Rudolf Widmann, Herbert Jesenko, Peter Sagmeister, Dr. Paul Alf (Arzt)

Sherpa:
Tensing Gyaltso (Sirdar), Lhakpa Dorje, Lhakpa Tensing, Mingma Tsering, Ang Jangbo

Ablauf der Expedition:
29. 3. 1978 Die Expedition trifft in Kathmandu ein. Schwierigkeiten bei der Herausgabe des Ge-

päcks durch den nepalesischen Zoll verzögern den Abmarsch

6. 4. Mit einem Lastwagen und einem Bus werden Mannschaft und Gepäck nach Pokhara transportiert

7. 4. Mit 81 Trägern und 2500 kg Gepäck beginnt der Anmarsch. Über Naudanda–Ghorepani––Tatopani wird Choya erreicht

14. 4. Nur noch 40 Träger sind zum Weitergehen bereit. Der Thulo-Bugin-Paß ist noch verschneit, der Weg gefährlich. Im Pendelverkehr müssen die Lasten Etappe für Etappe bis zum Hauptlager geschafft werden

18. 4. Die erste Gruppe erreicht den Platz des Basislagers

26. 4. Das letzte Gepäckstück kommt im Hauptlager an. In der Zwischenzeit wurden von den Teilnehmern der Expedition bereits Lager I (5100 m) und Lager II (5800 m) errichtet. Starke Schneefälle zwingen sie jedoch, ins Basislager abzusteigen
Ein Postläufer ist auf der letzten Etappe des Anmarsches schwer erkrankt. Der Arzt geht zusammen mit dem Sirdar und drei Sherpas zurück und bringt den an doppelseitiger Lungenentzündung leidenden Mann zurück nach Lethe

2. 5. Die ganze Mannschaft ist jetzt wieder am Berg Lager II wird als vorgeschobenes Hauptlager ausgebaut und eingerichtet

6. 5. Ein Teil des Weges zum geplanten Lager III ist bereits versichert. Wegen der großen Neu-

schneemenge wird beschlossen, einige Tage abzuwarten und dann Lager III aufzustellen

7. 5.   Sagmeister, Widmann und Jesenko versuchen mit 5 Sherpas, den Nordwestgrat zu errei-

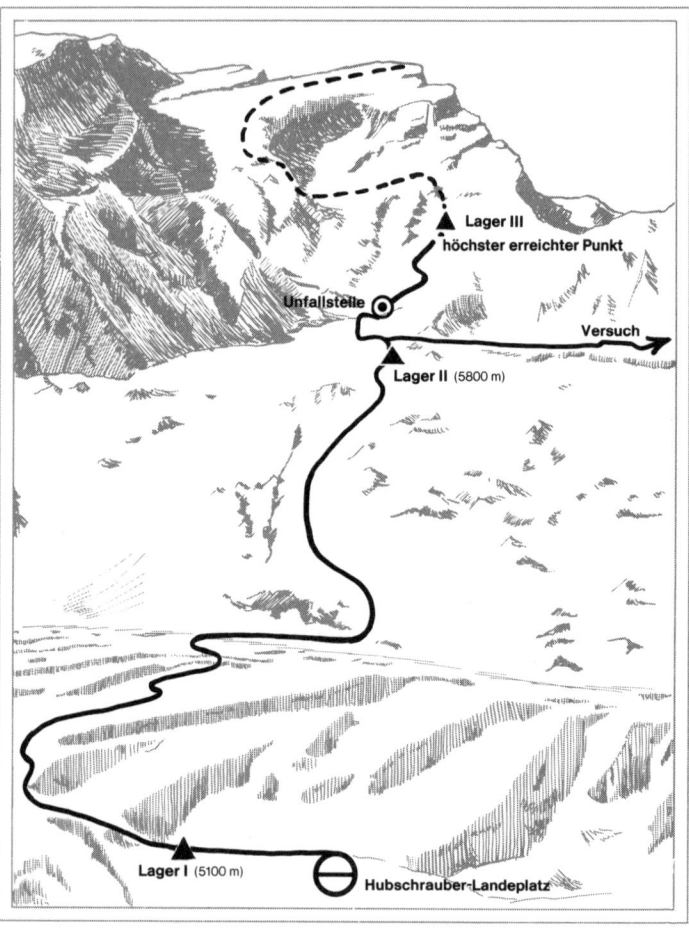

chen. Dieser Weg erfordert aber zu viel Ausrüstung, der Plan wird wieder fallengelassen

8. 5. Sagmeister, Widmann und Jesenko versuchen, jetzt wieder auf der Franzosenroute, Lager III zu erstellen. Um 8 Uhr 30 löst sich aus dem Gipfelbereich eine Lawine und breitet sich über die ganze Nordflanke der Annapurna aus. Zwei Sherpas können sich noch in eine Gletscherspalte retten, Widmann und Sagmeister werden von den Eismassen erfaßt, Widmann erleidet einen Schädelbruch mit offenen Wunden, Sagmeister hat einen Lungenriß und Prellungen am ganzen Körper. Sofort starten im Basislager Rosenfelder, Pletschko, Ogriz und Dr. Alf und erreichen in einem Eilmarsch nach 4 Stunden Lager II. Die Sherpas bringen in einem Staffellauf Medikamente und Sauerstoff herauf

9. 5. Ernst Gritzner startet zusammen mit dem Verbindungsoffizier über den Thulo-Bugin-Paß und Choya nach Jomoson, wo sie nach 33 Stunden die Polizeistation erreichen. Über Funk wird ein Hubschrauber angefordert

11. 5. Ein Hubschrauber holt Gritzner in Jomoson ab und fliegt mit ihm ins Basislager. Die Schwerverletzten wurden in der Zwischenzeit zum Lager I abtransportiert. Von dort werden sie jetzt in zwei Flügen in das Hauptlager heruntergeholt und am selben Tag noch nach Kathmandu gebracht

13. 5. Mit wenigen Trägern bricht der Rest der Mannschaft zum Rückmarsch auf

Amerikanische Frauen-Himalaya-Expedition
zur Annapurna I 1978

American Alpine Club
National Geographic Society
August–Oktober 1978

Geplantes Ziel:
Besteigung der Annapurna I (8091 m) von Norden

Teilnehmer:
Arlene Blum (Leiterin), Irene Miller, Alison Chadwick-Onyszkiewicz, Joan Firey, Liz Klobusicky-Mailänder, Vera Komarkova, Piro Kramar (Ärztin), Margi Rusmore, Vera Watson, Anni Whitehouse, Dyanna Taylor (Film), Marie Ashton (Ton), Christy Tews (Chefin des Basislagers)

Sherpa:
Lobsang Tsering (Sirdar), Ang Pemba, Chewang Rinzing, Lakpa Norbu, Mingma Tsering, Wangel

Ablauf der Expedition:
15. 8. 1978 Mit zirka 200 Trägern und 6000 kg Gepäck verläßt die Expedition Pokhara. Der Anmarsch führt über Naudanda–Ghorepani––Tatopani–Choya und den Thulo-Bugin-Paß zum Annapurna-Base-Camp
26. 8. Das Basislager wird erreicht
28. 8. Liz Klobusicky-Mailänder, Alison Chadwick und Sherpa Lakpa Norbu errichten Lager I (5000 m)

2. 9.	Eine Gruppe erreicht fast den Platz für Lager II, eine große offene Spalte hindert sie jedoch am Weitergehen
3. 9.	Arlene Blum, Irene Miller, Vera Komarkova und die Sherpas Lobsang Tsering und Lakpa Norbu bauen in einer Höhe von 5600 m die Zelte für Lager II auf. Hier muß sich die Mannschaft nun für die endgültige Aufstiegsroute entscheiden. Es wird lange beratschlagt, ob der Weiterweg über die Route der Spanier oder den Holländer-Sporn genommen werden soll. Eine Lawine, die über den Spanierweg herunterfegt, entscheidet: Der Anstieg erfolgt über den Sporn
17. 9.	Lager II wird als vorgeschobenes Ausgangslager mit Ausrüstung und Verpflegung ausgestattet. An der Spitze versichert Piro Kramar die Eiswand, die auf den Grat führt
19. 9.	Anhaltende Schneefälle und viele Lawinen treiben alle Bergsteigerinnen und Sherpas zurück ins Hauptlager
21. 9.	Annie Whitehouse und Vera Komarkova queren aus der Wand auf den Grat des Holländer-Sporn
23. 9.	Vera Watson und Vera Komarkova errichten Lager II A auf dem Sporn. Jeder hat Angst vor dem Weg zwischen Lager II und dem Einstieg in die Eiswand: Immer wieder donnern Lawinen über die Nordflanke der Annapurna herunter
27. 9.	Das endgültige Lager III wird in einer Höhe von 6400 m eingerichtet

8. 10.	Der gesamte Sporn ist versichert. Lager IV steht auf 7100 m
13. 10.	Lakpa Norbu, Piro Kramar, Irene Miller und Vera Komarkova beziehen Lager IV. Am selben Tag stellen die Sherpas Chewang Rinzing und Mingma Tsering die Zelte für Lager V auf und treffen danach mit den anderen in Lager IV zusammen. Margi Rusmore muß wieder absteigen, sie hat Erfrierungen an den Füßen. Lobsang Tsering, Ang Pemba und Wangel erkranken
14. 10.	Piro Kramar, Irene Miller und Vera Komarkova erreichen erst in der Dunkelheit Lager V, zusammen mit Chewang Rinzing und Mingma Tsering. In dieser Nacht benützen sie zum erstenmal Sauerstoffduschen
15. 10.	Nachts um 3 Uhr beginnen sie mit dem Frühstück, ziehen sich an, schnallen die Steigeisen fest. Dabei bemerkt Piro Kramar, daß ihre Finger Erfrierungen erlitten haben. Ihr ist als Ärztin das Risiko einer schweren Erfrierung zu groß: Sie entscheidet sich, nicht mit auf den Gipfel zu gehen.
	Um 7 Uhr brechen die beiden Sherpas und die zwei Bergsteigerinnen zum Gipfel auf. Nach etwa 3 Stunden setzen die Frauen die Sauerstoffmasken auf, die Sherpas steigen ohne Flasche weiter.
	15.30 Uhr: Vera Komarkova, Irene Miller, Chewang Rinzing und Mingma Tsering erreichen den 8091 m hohen Gipfel. Bei klarem Wetter und schöner Fernsicht ist es klirrend

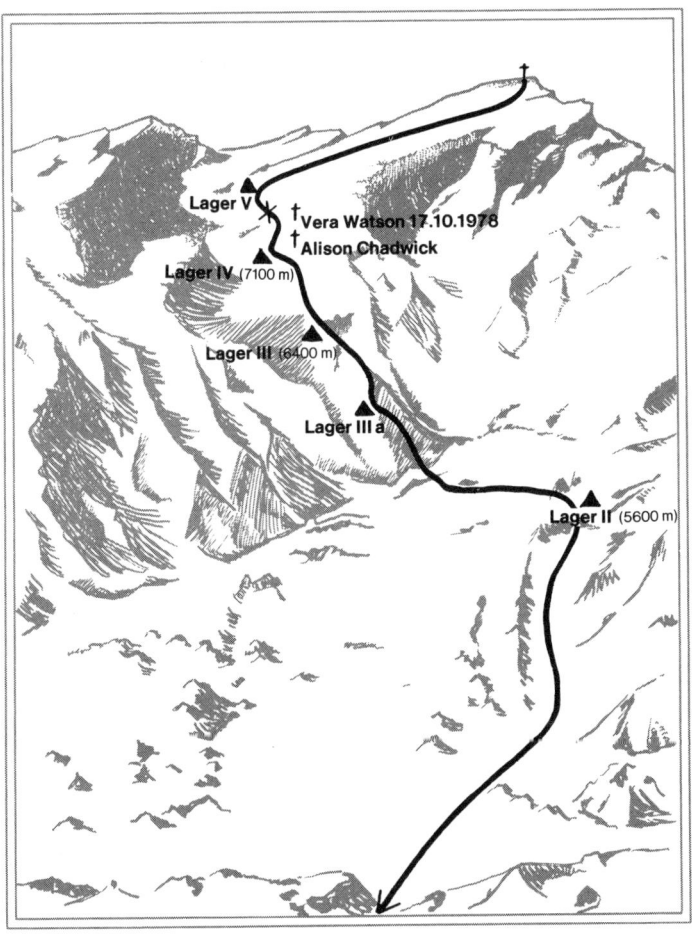

Lager V

† Vera Watson 17.10.1978
† Alison Chadwick

Lager IV (7100 m)

Lager III (6400 m)

Lager III a

Lager II (5600 m)

kalt, und so steigen sie schon nach kurzer Zeit
wieder ab. Um 7 Uhr abends erreichen sie
Lager V, wo sie von Piro Kramar und Lakpa
Norbu mit heißer Suppe empfangen werden

16. 10.	Die Sherpas steigen am Morgen ab bis in Lager II. Miller und Komarkova treffen im Lager IV mit der nächsten Mannschaft zusammen. Gemeinsam verbringen sie hier die Nacht
17. 10.	Sherpa Wangel ist krank und muß absteigen. Alison Chadwick und Vera Watson steigen allein auf in Richtung Lager V. Irene Miller und Vera Komarkova bleiben in Lager III, um hier auf die Rückkehr der beiden vom Gipfel zu warten. Kurz vor dem Dunkelwerden kann das Filmteam von Lager I aus Alison Chadwick und Vera Watson mit dem Teleobjektiv unterhalb von Lager V ausmachen. Am Abend herrscht absolute Funkstille. Auch am nächsten Tag ist keine Bewegung in Lager V zu sehen. Teilnehmerinnen und Sherpas hoffen, daß die Funkstille durch ein defektes Gerät bedingt ist
20. 10.	Mingma Tsering und Lakpa Norbu steigen von Lager II aus über den Sporn hinauf; sie wollen versuchen, Lager V zu erreichen.

Um 14 Uhr kommt über Funk die Nachricht, daß Mingma und Lakpa Alison Chadwicks Leiche kurz oberhalb von Lager IV gefunden haben.

Wahrscheinlich haben die beiden Bergsteigerinnen nie Lager V erreicht. Sie müssen angeseilt abgestürzt sein, da von Alison Chadwicks Körper ein gestrafftes Seil in eine Spalte führt, an dem die Leiche von Vera Watson hängt.

Den Sherpas gelingt es nicht, die Toten zu bergen. Auch Piro Kramar und Vera Komarkova schaffen es am nächsten Tag nicht. Sie steigen ins Basislager ab

Französische Annapurna I-Ski-Expedition 1979

Fédération Française de la Montagne
„La Guilde Européen du Raid"
7. März–13. März 1979

Geplantes Ziel:
Besteigung der Annapurna I auf dem Weg der Erstbegeher – Abfahrt mit Ski

Teilnehmer:
Jean-Louis Georges (Leiter), Bernard Germain (Organisation), 63 Rue du Chalet, F-51100 Reims, Lucien Adenis, Michel Berquet, Yves Morin, Benoît Renaird, Henri Sigayret

Sherpa:
Dawa Gyalzen, Chawang Rinzee, Dahunga Pemba Lama

Ablauf der Expedition:
13. 3. 1979 Mit 190 Trägern und zirka 5500 kg Gepäck startet die Expedition in Pokhara. Die Anmarschroute führt über Naudanda–Ghorepani–Tatopani nach Choya
21. 3. Nur noch 40 Träger erklären sich bereit, über

den Thulo-Bugin-Paß in das Hauptlager zu tragen. Der Großteil des Gepäcks wird mit einem Hubschrauber von Choya aus ins Basislager geflogen

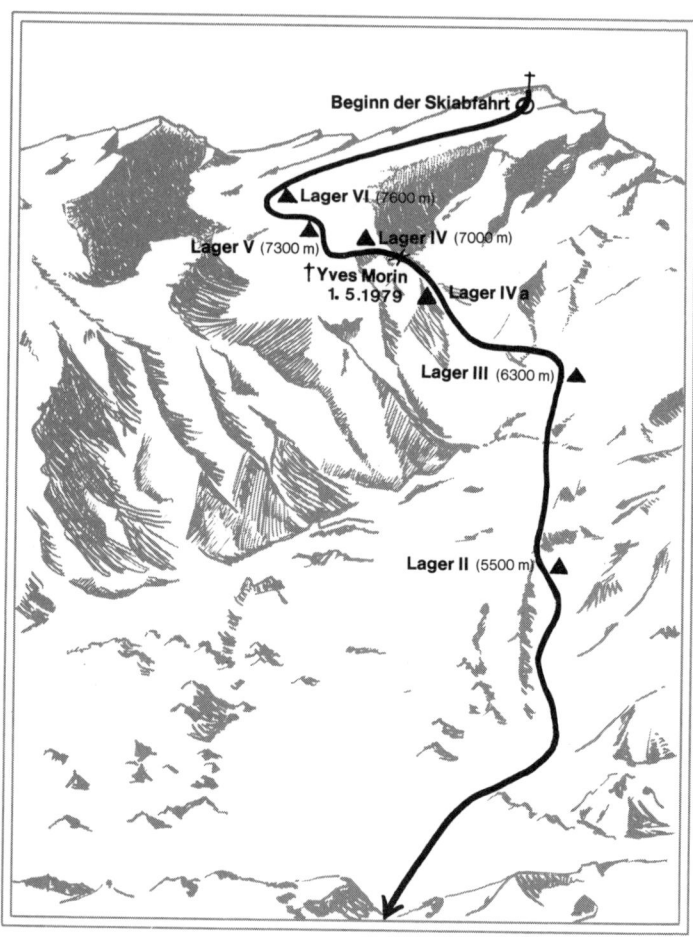

Beginn der Skiabfahrt

Lager VI (7600 m)

Lager V (7300 m)

Lager IV (7000 m)

†Yves Morin 1. 5.1979

Lager IV a

Lager III (6300 m)

Lager II (5500 m)

26. 3.	Das Hauptlager wird auf 4200 m Höhe errichtet
30. 3.	Lager I (4900 m)
6. 4.	Lager II (5500 m)
16. 4.	Lager III (6300 m)
18. 4.	Eine aufsteigende Mannschaft wird zwischen den Lagern II und III in 6000 m Höhe von einer Lawine erfaßt; Germain und Berquet bleiben wie durch ein Wunder unverletzt, dagegen erleiden zwei Sherpas schwere Verletzungen und müssen zuerst mit einem Schlitten, dann auf dem Rücken ins Basislager abtransportiert werden. Danach stehen keine Sherpas mehr für größere Höhen zur Verfügung
26. 4.	Lager IV A wird in zirka 6800 m errichtet; ab hier klettert die Mannschaft im Westalpenstil weiter, sie transportieren ihr gesamtes Gepäck selbst
27. 4.	Lager IV (7000 m)
28. 4.	Lager V (7300 m)
29. 4.	Lager VI (7600 m)
30. 4.	Um 17 Uhr erreichen Henri Sigayret und Yves Morin den Gipfel der Annapurna I. Bernard Germain bleibt 30 m unterhalb des Gipfels zurück, 150 m tiefer geben Berquet und Renard auf. Nach wenigen Minuten auf dem Gipfel machen sich Sigayret und Morin auf den Rückweg. Yves Morin schnallt die Ski an und fährt vom Fuß des Gipfelcouloirs in weniger als einer halben Stunde zu Lager VI ab. Die anderen erreichen nach einem 3stün-

	digen Abstieg in der Dunkelheit das Lager
1. 5.	Yves Morin setzt seine Abfahrt auf Skiern fort. In 6700 m Höhe stürzt er, stranguliert sich mit dem Sicherungsseil und ist sofort tot
2. 5.	Abstieg ins Basislager
6. 5.	Berquet und Sigayret können wegen Erfrierungen an den Füßen nicht zu Fuß den Rückmarsch antreten. Germain und Pemba Lama machen sich auf den Weg nach Jomoson, um von dort aus einen Rettungsflug zu organisieren
10. 5.	Ein Hubschrauber holt die Bergsteiger im Basislager ab und fliegt sie nach Kathmandu
13. 5.	Rückkehr nach Frankreich

Die Skiabfahrt:
Das oberste Drittel der Annapurna-Nordflanke fuhr Yves Morin komplett ab. Die Etappen unterhalb der Unglücksstelle waren bereits während des Lageraufbaus wiederholt befahren worden: Yves Morin von Lager IV A zu Lager III und von Lager I bis zum Ende der Schneedecke (ca. 4800 m); Jean-Louis Georges von Lager III zu Lager I; Bernard Germain oberhalb von Lager II bis unterhalb von Lager I

Veröffentlichung:
Bernard Germain: *Annapurna – premier 8000 à ski*, Editions Fernand Nathan, Frankreich 1980

Shizuoka-Himalaya-Expedition 1979

Shizuoka Prefecture Moutain Federation
(anläßlich des 30jährigen Bestehens)
Frühjahr 1979

Geplantes Ziel:
Besteigung der Annapurna I über den Holländer-Sporn

Teilnehmer:
Hironobi Yagi (Leiter), Kazuo Ishikawa, Keizo Tonabe,
Hiroyuki Uno, Schuji Yanagisawa, Takashi Mitsui, Sadao
Kudo, Seizo Tanaka, Yoshishige Morita, Katsuhiro Watanabe, Yasuo Kubota

Sherpa:
1 Sirdar, 8 Sherpas, 1 Koch, 2 Basislager-Sherpas

Ablauf der Expedition:

6. 3. 1979	Abmarsch von Pokhara mit 230 Trägern Anmarsch über Naudanda–Ghorepani–Tatopani–Choya–Thulo-Bugin-Paß zum Basislager
28. 3.	Ankunft im Basislager
4. 4.	Lager I (4900 m)
13. 4.	Lager II (5400 m)
25. 4.	Lager III auf dem Holländer-Sporn (6100 m)
28. 4.	Lager IV (6850 m)
4. 5.	Lager V (7500 m)
5. 5.	Wegen schlechten Wetters muß die Spitzenmannschaft zurück zu Lager IV
7. 5.	Erneuter Aufstieg zu Lager V

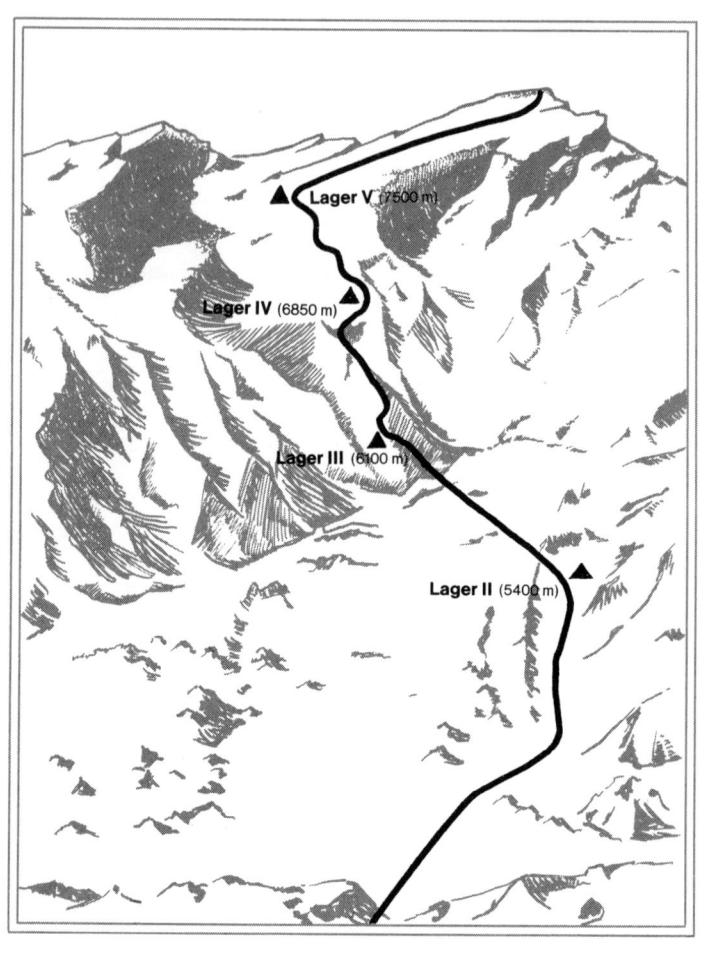

| 8. 5. | Seizo Tanaka und Pemba Sherpa erreichen um 12 Uhr den Gipfel |
| 14. 5. | Beginn des Rückmarsches nach Pokhara |

Amerikanische Annapurna I-Expedition 1979

Mazamas Climbing Club, Portland Oregon USA
2. August–14. Oktober 1979

Teilnehmer:
Robert A. Wilson (Leiter), RT 2 Box 599, Gresham Oregon, 97030, USA, Gil Harder, Maynard Cohick, Eric Roberts, Peter Cummings (Arzt), Eric Simonson, Craig Reininger, Pat O'Donnell

Sherpa:
Lopsang Tschering (Sirdar), keine Sherpas als Hochträger oder Bergsteiger

Ablauf der Expedition:
12. 8. 1979 Abmarsch in Pokhara mit 85 Trägern und 2100 kg Gepäck
Anmarsch über Naudanda–Ghorepani–Tatopani–Choya–Thulo-Bugin-Paß – Basislager
24. 8.   Ankunft im Hauptlager
28. 8.   Lager I (5000 m)
 3. 9.   Lager II (5450 m)
10. 9.   Über die steile Eiswand wird der Grat des Holländer-Sporns erreicht und Lager III (6050 m) errichtet. In den nächsten Tagen wurde mit einfachsten Mitteln ein Lastenaufzug über die Spornwand gebaut: Mit einem umlaufenden Seil können von 4 Mann jeweils 20-kg-Lasten in 15 Minuten über die Eiswand hinaufgezogen werden, die dann von einem Teilnehmer abgenommen und zu den Zelten

getragen werden. Diese Vorrichtung ermöglicht es der Expedition, auch ohne die Hilfe von Sherpas ausreichend Material und Verpflegung auf Lager III zu schaffen

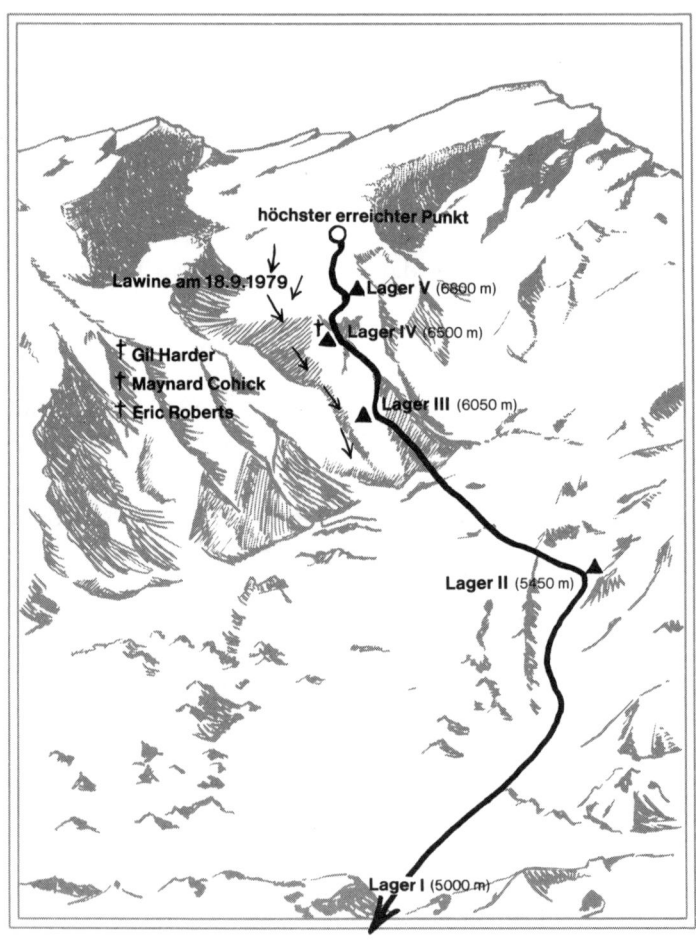

höchster erreichter Punkt

Lawine am 18.9.1979

▲ Lager V (6800 m)

† ▲ Lager IV (6500 m)

† Gil Harder
† Maynard Cohick
† Eric Roberts

▲ Lager III (6050 m)

▲ Lager II (5450 m)

Lager I (5000 m)

15. 9.	Lager IV wird unterhalb der Abschlußwand des Sporns aufgebaut
16. 9.	An diesem und am nächsten Tag tragen sechs der Expeditionsteilnehmer Lasten zum vorgesehenen Platz von Lager V (6800 m). Simonson und Wilson versorgen Lager IV mit Nachschub
19. 9.	Seit zwei Tagen schneit es fast ununterbrochen.

In Lager IV sind kaum noch Lebensmittel. Die Bergsteiger beschließen, zu Lager III abzusteigen und dort auf besseres Wetter zu warten. Nur Maynard Cohick, Gil Harder und Eric Roberts wollen noch einen Tag oben bleiben, um bei einer Wetterbesserung wieder die Spitze zu übernehmen.

Um etwa 10 Uhr 30 erreichen die absteigenden Expeditionsteilnehmer Lager III. In diesem Moment donnert eine riesige Lawine ostseitig des Sporns durch die Rinne herunter. Die drei Bergsteiger werden durch den Luftdruck zu Boden geworfen, ein Zelt bricht zusammen. Nach wenigen Sekunden ist alles vorbei.

Für 12 Uhr war ein Gespräch mit Lager IV vereinbart. In jedem der drei Zelte ist ein Funkgerät, niemand antwortet. Auch um 18 Uhr, der üblichen Funkzeit, bleiben die Geräte still. Es gibt nur eine Erklärung: Lager IV existiert nicht mehr, Gil Harder, Maynard Cohick und Eric Roberts sind tot

23. 9.	Endlich hört der Sturm auf. Durch den tiefen

Schnee wühlen sich die Bergsteiger von Lager III hinauf zu Lager IV: Sie finden den Platz so, wie sie ihn zum erstenmal angetroffen haben: absolut leer. Kein Zelt, kein Seil, keine Ausrüstung. Alles, was dort stand, ist weggefegt worden. Vermutlich hat die Lawine das Lager nicht direkt getroffen, sondern der Luftdruck hat es vernichtet. So wird Tage später eine Lebensmitteldose 2,5 km unterhalb von Lager IV gefunden

26. 9.   Abstieg zum Basislager
4. 10.   Der Rückmarsch beginnt

Deutsche Ski-Expedition zur Annapurna I 1980

Deutscher Alpenverein
14. März–23. Mai 1980

Geplantes Ziel:
Besteigung der Annapurna I (8091 m) über die Nordflanke, Abfahrt mit Skiern

Teilnehmer:
Gustav Harder (Leiter), Oberauer Str. 10, 8000 München 70, Dr. Werner Müller-Esterl (Arzt), Wolfgang Brög (Kameramann), Erika Heimrath, Klaus Harder, Thomas Hummler, Karl Schrag, Konrad Staltmayr

Sherpa:
Nima Nurbu Lama (Sirdar), Ang Dorje (Berg-Sirdar),

Ang Furba, Ang Sangee, Maila Pemba, Nima Nuru, Chakraman Lama Tamang (Koch)

Ablauf der Expedition:

7. 5. 1976 Schreiben an das Ministry of Foreign Affairs in Nepal
Antrag für die Genehmigung der Annapurna I (8091 m) für Herbst 1978 (Nachmonsun)

10. 5. 1977 Brief aus Nepal: Genehmigung wird für das Frühjahr 1979 erteilt

25. 9. 1978 Die Genehmigung für Frühjahr 1979 wird widerrufen und für Frühjahr 1980 erteilt

9. 3. 1980 Thomas Hummler fliegt der Gruppe voraus nach Kathmandu

14. 3. Wolfgang Brög, Gustav Harder, Klaus Harder, Dr. Müller-Esterl, Karl Schrag und Konni Staltmayr fliegen über Frankfurt – Delhi nach Kathmandu

22. 3. Erika Heimrath kommt in Kathmandu an

23. 3. Mannschaft und Gepäck fahren mit Bus und Lkw von Kathmandu nach Pokhara

24. 3.–6. 4. Anmarsch mit 180 Trägern und zirka 5000 kg Gepäck von Pokhara über Naudanda–Ghorepani–Tatopani–Choya–Thulo-Bugin-Paß zum Hauptlager

9. 4. Lager I (5100 m)

10. 4. Lager II (5850 m)

14. 4. Lager III (6300 m)

21. 4. Lager IV (6750 m)

28. 4. Lager V (7200 m)

29. 4. Lager VI (7550 m)

30. 4. K. Staltmayr, Ang Dorje und G. Harder

starten einen Gipfelversuch, kehren in 8000 m Höhe um

1. 5.   K. Staltmayr, Ang Dorje und G. Harder erreichen den Gipfel ohne Verwendung von künstlichem Sauerstoff

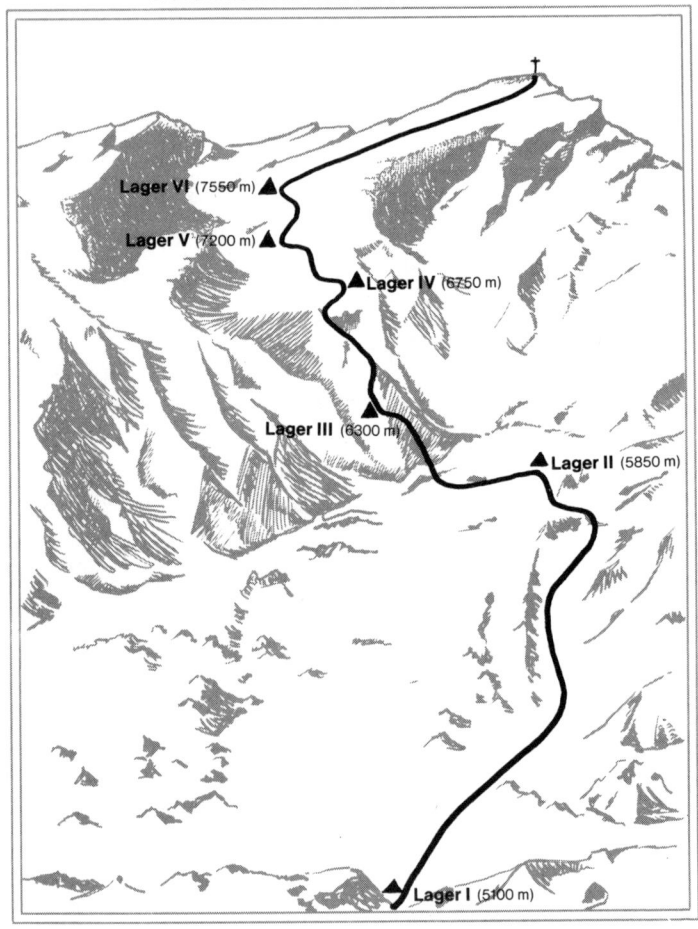

2. 5.	Klaus Harder muß von Lager V, Thomas Hummler von Lager IV wegen Krankheit absteigen
3. 5.	W. Börg, Maila Pemba, Karl Schrag und Ang Sangee erreichen ebenfalls ohne Verwendung von künstlichem Sauerstoff den Gipfel
6. 5.	Erika Heimrath wird wegen Lugenentzündung mit einem Hubschrauber nach Kathmandu geflogen
11. 5.	Beginn des Rückmarsches Karl Schrag kann wegen Erfrierungen an seinen Zehen nicht mit zurückgehen. Zusammen mit Maila Pemba Sherpa und Werner Müller-Esterl wartet er auf den Hubschrauber
11. 5.–15. 5.	Durch das unbekannte Miristi-Khola bis Dana
16. 5.	Der Hubschrauber holt Karl Schrag, Maila Pemba Sherpa und Werner Müller-Esterl im Hauptlager ab und fliegt sie nach Kathmandu
19. 5.	Ankunft der Mannschaft in Pokhara, Busfahrt nach Kathmandu
22. 5.	Abflug in Kathmandu
23. 5.	Ankunft in München

Hauser Excursionen – Annapurna-Expedition 1980

Hauser Excursionen International, Neuhauser Str. 1, 8000 München 2, September/Oktober 1980

Geplantes Ziel:
Besteigung der Annapurna I über die Nordflanke

Teilnehmer:
Ludwig Greissl (Leiter), Waldschulstr. 47, 8000 München
82, Udo Böhning, Jürgen Bechler, Rainer Schubert, Rup-
pert Kluge, Hans Stiller, Winfried Trinkle, Bernhard
Huhn, Heinz Oberrauch, Henning Wöhl, Clemens Wil-
demann

Sherpa:
Pasang Temba (Sirdar) und 7 Sherpas

Ablauf der Expedition:

2. 9. 1980	Die Expedition verläßt mit zirka 65 Trägern Pokhara. Etwa eine Woche zuvor ist bereits Jürgen Bechler mit 65 Trägern von Pokhara aus aufgebrochen Der Anmarsch führt über Naudanda–Ghorepani–Tatopani–Choya–Thulo-Bugin-Paß in das Hauptlager auf der Nordseite der Annapurna
12. 9.	Das Basislager wird erreicht
15. 9.	Lager I (5100 m)
16. 9.	Lager II (5650 m) Nach einem Wettersturz mit starken Neuschneefällen müssen alle Bergsteiger ins Basislager absteigen
23. 9.	Lager II wird wieder besetzt, muß aber völlig ausgegraben werden
26. 9.	Lager III wird in einer Höhe von 6100 m errichtet. Oberrauch und Wildemann versuchen an diesem Tag, durch eine direkte Routenführung die Rampe zu erreichen, die unterhalb des Ostgipfels zu den Gipfelhängen

des Haupt- und Mittelgipfels zieht. Sie kehren am gleichen Abend zurück in Lager III, der von ihnen gewählte Weg ist zu steil

30. 9.   Lager IV (6650 m)

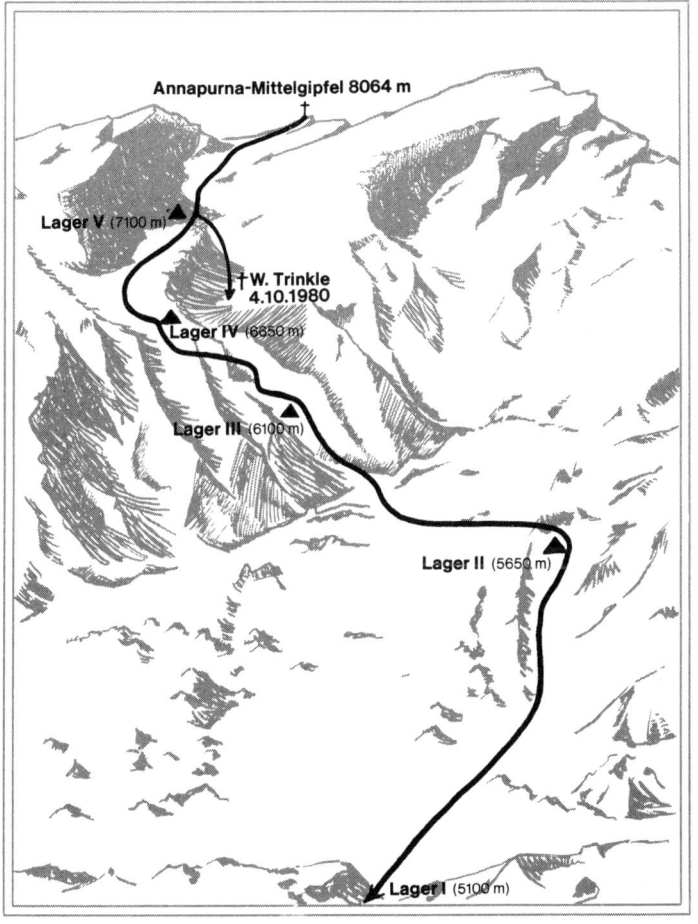

2. 10.	Lager V (7100 m)
3. 10.	Clemens Wildemann ist vor allen anderen fertig und startet um 7 Uhr 30 in Richtung Gipfel. Er erreicht um 10 Uhr den Punkt 7450 m, wo er sich für den Mittel- oder Hauptgipfel entscheiden muß. Wildemann stapft weiter in Richtung Hauptgipfel. Um 15 Uhr entschließt er sich, wegen des tiefen Schnees und des anstrengenden Spurens im Bruchharsch umzukehren. Er erreicht eine Höhe von ca 7900 m. Später als Wildemann brechen Greissl, Böhning und Oberrauch mit 2 Sherpas zum Gipfel auf. Sie entscheiden sich für den Mittelgipfel, den Oberrauch gegen 18 Uhr erreicht. Er steigt sofort wieder zur Scharte zwischen Mittel- und Ostgipfel ab, trifft dort auf Greissl und Böhning und steigt mit ihnen nochmals bis zum höchsten Punkt auf. Damit wurde der bisher unerstiegene Mittelgipfel der Annapurna I erstmals betreten. Die beiden Sherpas waren bereits auf etwa 7700 m umgekehrt. Es ist bereits dunkel, als sich die drei Gipfelbesteiger auf den Abstieg machen. Oberrauch steigt voraus und erreicht gegen 1 Uhr nachts das Lager V. Greissl und Böhning biwakieren in 7500 m Höhe
4. 10.	Trinkle und Wildemann steigen wieder auf, um Greissl und Böhning entgegenzugehen. Gemeinsam steigen sie zum Lager hinunter. In einer Steilpassage rutscht Trinkle aus, kann

sich nicht mehr halten und stürzt über einen Abbruch mehrere hundert Meter ab. Eine Bergung der Leiche in dem unzugänglichen Lawinengelände ist nicht möglich

7. 10.   Die Bergsteiger sind wieder im Basislager versammelt

8. 10.   Ein Postläufer eilt in einem Nonstop-Marsch nach Jomoson, um von dort aus einen Hubschrauber zu alarmieren

10. 10.   Der Hubschrauber holt Greissl, Böhning und Wöhl im Basislager ab

11. 10.   Die restliche Mannschaft startet zum Rückmarsch nach Jomoson, von wo aus sie am 17. 10. nach Kathmandu fliegt

Anfang Oktober erreicht eine zweite Gruppe das Basislager. Diese Mannschaft soll die Lager und Versicherungen der ersten Gruppe verwenden. Eisschläge und Lawinen machen aber ein Vorankommen über Lager III hinaus unmöglich. Die Expedition wird abgebrochen.

Horst
Engels

HAIE !

Tauchen unter Haien, den gefährlichsten Raub-
fischen des Meeres, gehört mit Sicherheit zu den
aufregendsten Abenteuern unserer Zeit. Fünf
Wochen lang beobachtete und filmte ein Taucher-
team diese unberechenbaren Tiere — fünf Wochen,
in denen es oft genug ums nackte Überleben ging.
Ohne jede Sensationsmache, aber äußerst span-
nend und informativ schildert Horst Engels seine
oft atemberaubenden Erlebnisse.

---

182 Seiten, 47 s/w Fotos, 1 Karte, DM 7,80

ABENTEUER-REPORT

Rick
Berg

VIEL WELT
FÜR WENIG GELD

Für alle, die Reisen auf eigene Faust unternehmen wollen: wertvolle Tips, wie man mit wenig Geld und einem Minimum an Gepäck in der Welt herumkommt.

Der Autor wendet sich dabei an all jene, die fremde Menschen und Länder weit abseits der großen Touristenstraße hautnah erleben wollen und von einer farbigen Welt voller Abenteuer träumen.

Der Reiseführer ins Abenteuer!

223 Seiten, 40 Zeichnungen, 3 Karten, DM 8,80

ABENTEUER-REPORT

Von der Volkacher Akademie als Taschenbücher
des Monats ausgezeichnet:

OLUF ZIERL

Highway-Melodie

Die Freiheit und Weite des amerikanischen Kontinents wurde für vier junge Motorradfahrer zu einem faszinierenden Erlebnis. Die Sümpfe des Mississippi, der Rio Grande, die Rocky Mountains, das Tal des Todes und die Strände Kaliforniens waren Stationen einer unvergeßlichen Fahrt. Diesen Bericht werden nicht nur Motorradfans mit Begeisterung lesen.

GEORG KIRNER

Ladakh

Als einer der ersten Europäer wagte sich Georg Kirner in das geheimnisvolle Land hinter dem Himalaja, das erst 1974 seine Grenzen wieder öffnete. Er zog mit einer Yak-Karawane über einen 5000 Meter hohen Paß, wurde vom Dalai-Lama empfangen und in der Einsamkeit der Felswüste ausgeraubt. Seine Abenteuer spiegeln die vielen Gesichter dieses Landes wider, dessen Zauber er in zahlreichen Fotos festgehalten hat.